# 海人族の古代史

前田速夫

河出書房新社

# はじめに

古代、わが国には海人《あま》族と呼ばれる集団が存在した。海辺に住んで魚を釣ったり突いたり、水中に潜って貝や海草を採集するだけではない。航海を業として、交易・通商にも従事した。その出自を追っていくと、朝鮮半島や中国南部、さらには遠くインドネシアの島々へもつながる。

歴史時代に入ってからは、天皇家と強く結びついて、王権を支えた。度重なる朝鮮出兵にも動員されている。

『古事記』や『日本書紀』など、神話や伝説の世界で活躍しているのが、おおむねこの一族である。

太古の時代から、彼らは海辺だけでなく、川や谷を遡って、列島の奥深くにも入りこんだ。たとえば、信州の安曇野は、有力な海人族の一つ安曇族が開拓したので、その名がついたことは、よく知られている。

農耕民と違い、土地に縛られることのない彼らは、移動を苦にせず、移住に積極的だった。日本海側にも太平洋側にも、海人族が移り住んだ集落がたくさんある。

ところが、この海人族、早くは応神朝のあたりから没落のきざしがあらわれて、歴史の表舞台から姿を消した。一部に海賊として名を馳せたグループもあったけれど、子孫の大半は零細な漁民として細々と暮らし、なかには中世以後、卑賤視される民まで現れる。しかも、ここで大切なことは、彼らのなかから、優れた宗教者や芸能者が出て、わが国の文化や思想を下支えしたことだ。
いったい、彼らはいつ、いかなる理由でそうなったのか。そのゆくえや暮らしぶりは、どうだったのか。

柳田國男の存在が大きすぎるせいで、日本民俗学は従来、常民や定住者、つまり主には農耕民の営みや生活へと関心が向きがちだったが、近年は宮本常一、谷川健一、網野善彦、大林太良氏らの努力で、海人、海民についての研究も活発になってきた。ただ、惜しむらくは、私の知る限り、古代海人族の足跡を系統的にたどったものはないようである。

グローバリゼーションの時代を迎えて、いま日本はどこへ漂流していこうとしているのだろうか。
第一作『異界歴程』以来、先住民や被差別者など、中央の歴史から零《こぼ》れ落ちた人々の信仰や暮らしに眼差しをそそいできた筆者の、これは長年温めてきたテーマで、本書を手にとってくださった読者の皆さんが、関心を共有していただけると嬉しい。

# 海人族の古代史

◉

目次

（凡例——原則として、元号を使用。物故者は、近年を除いて敬称略。また、安易な変更には反対なので、地名は旧のまま。書名は『　』、論文・作品名は「　」とした。）

装幀——山元伸子
カバー写真©ＰＩＸＴＡ

# 海人族の古代史

# 第一部　天界と異界

# 第1章　丹後国風土記逸文

## 浦の嶋子

一、昔々浦島は　助けた亀に連れられて
　竜宮城へ来て見れば　絵にもかけない美しさ
二、乙姫様の御馳走に　鯛や比目魚《ひらめ》の舞い踊り
　ただ珍しく面白く　月日のたつのも夢の中《うち》
三、遊びにあきて気がついて　お暇乞《いとまごい》もそこそこに
　帰る途中の楽しみは　土産に貰った玉手箱
四、帰ってみればこは如何に　元居た家も村も無く
　路《みち》に行きあう人々は　顔も知らない者ばかり
五、心細さに蓋《ふた》とれば　あけて悔しや玉手箱
　中からぱっと白煙　たちまち太郎はお爺さん

私たち誰もが絵本でよく知る「浦島太郎」の内容は、右に掲げた尋常小学唱歌（明治四十四年）が、

簡にして要を尽くしている。五大お伽話とされる「桃太郎」「猿蟹合戦」「舌切り雀」「花咲爺」「かちかち山」と同様に、その原型は室町末期に現れた『お伽草子』に求められるようだ。けれども、後の五話がおおむね中世の民間説話に基づいているのに対して、「浦島太郎」の起源は、はるか古代へまでたどれるところに、著しい特色がある。（四番、「帰ってみればこは如何に」を、私は長いこと「怖い蟹」とばかり思っていた。）

文献上の初見は、『日本書紀』雄略天皇二十二年（四五八）。実年代でいうと、五世紀の後半と考えられる。「秋七月に、丹波国《たにはのくに》の余社郡《よさのこほり》の管川《つつかは》の人瑞江浦嶋子《みづのえのうらしまのこ》、舟に乗りて釣す。遂に大亀を得たり。便《たちまち》に女に化為《な》る。是《ここ》に、浦嶋子《うらしまのこ》、感《たけ》りて婦《め》にす。相逐《したが》ひて海に入《い》る。蓬萊山《とこよのくに》に到りて、仙衆《ひじり》を歴《めぐ》り観《み》る。語《こと》は、別巻《ことまき》に在り。」とだけあって、詳細は別巻に書かれていたらしいが、その別巻なるものは早くに失われていて、伝存しない。

一方、『釈日本紀』所引の『丹後国風土記逸文』は、「丹後の国の風土記に曰はく」と始まる互いに独立した三つの文章を載せるが、その一つがこの浦島伝承である。まずは原漢文を、「日本古典文学大系」版の読み下し（秋本吉郎校注）に従って紹介する。

与謝《よさ》の郡《こほり》、日置《ひおき》の里。此の里に筒川の村あり。此《ここ》の人夫《たみ》、日下部首《おびと》等が先祖の名を筒川の嶋子《しまこ》と云ひき。為人《ひととなり》、姿容《すがた》秀美《うるは》しく、風流《みやび》なること類《たぐひ》なかりき。斯は謂はゆる水の江の浦嶋《うらしま》の子といふ者なり。是は旧《もと》の宰《みこともち》伊預部《いよべ》の馬養の連《むらじ》が記せるに相乖《そむ》くことなし。故《かれ》、略所由之旨《おほよそことのよし》を陳べつ。

長谷の朝倉の宮（雄略天皇）に御宇《あめのしたしろ》しめしし天皇《すめらみこと》の御世、嶋子、独《ひとり》小船に乗りて海中に汎《うか》び出でて釣するに、三日三夜を経るも、一つの魚《うを》だに得ず、乃《すなは》ち五色の亀を得たり。心に奇異《あやし》と思ひて船の中に置きて、即《やが》て寝《ぬ》るに、忽《たちま》ち婦人《をみな》と為りぬ。其の容美麗しく、更比《またたぐ》ふべきものなかりき。嶋子、問ひけらく、「人宅遥遠《ひとざとはろか》にして、海庭に人乏《な》し。詎《いづれ》の人か忽に来つる」といへば、女娘《をとめ》、微咲《ほほゑ》みて対《こた》へけらく、「風流之士《みやびを》、独蒼海《ひとりうみ》に汎べり。近《した》しく談《かた》らはむおもひに勝《た》へず、風雲の就来《むた》つ」といひき。嶋子、復《また》問ひけらく、「風雲は何《いづれ》の処よりか来つる」といへば、女娘答へけらく、「天上《あめ》の仙《ひじり》の家の人なり。請ふらくは、君、な疑ひそ。相談《あひかた》らひて愛《うつく》しみたまへ」といひき。ここに、嶋子、神女《かむおとめ》なることを知りて、慎み懼《お》ぢて心に疑ひき。女娘、語りけらく、「賤妾《やっこ》が意《こころ》は天地《あめつち》と畢《を》へ、日月と極まらむとおもふ。但《ただ》、君は奈何《いかに》か、早《すむや》けく許不《いなせ》の意《こころ》を先《し》らむ」といひき。嶋子、答へけらく、「更に言ふところなし。何ぞ懈《おこた》らむや」といひき。女娘曰ひけらく、「君、棹を廻らして蓬山《とこよのくに》に赴《ゆ》かさね」といひければ、嶋子、従《つ》きて往かむとするに、女娘、教へて目を眠らしめき。即ち不意《とき》の間に海中の博《ひろ》く大きなる嶋に至りき。

長くなるので、いったんここで切ろう。小学唱歌やお伽話では、助けた亀に案内されて竜宮城へ行き、そこで乙姫にまみえるが、ここでは五色の亀に姿を変えた神女が、自分から浦の嶋子を誘ったとする。また、浦の嶋子が眠っているうちに着いたところは、海底の竜宮城ではなくて海原のかなたの大きな島、蓬山《とこよのくに》だった。蓬山（蓬萊山）に「とこよのくに」とルビを振って和語に読みかえてあるのは、校訂者の意向である。道教思想が説く神仙境のことだから、大陸の影響が明らかで、文飾まで唐風なのは、これを筆録した者が当時の中国かぶれした知識人だったことを思わせる。とは言っても、早くからここ丹後地方でよく知られた伝承の一つだから、古層には在地の記憶が湛《たた》えられている。

其の地《つち》は玉を敷けるが如し。闕台《うてな》は晻映《かげくら》く、楼堂《たかどの》は玲瓏《てりかがや》きて、目に見ざりしところ、耳に聞かざりしところなり。手を携へて徐《おもぶる》に行きて、一つの太《おほ》きなる宅《いへ》の門《かど》に到りき。女娘《をとめ》、「君、且《しま》し此処に立ちませ」と曰ひて、門を開きて内に入りき。即ち七たりの竪子《わらは》来て、相語りて「是は亀比売《ひめ》の夫なり」と曰ひき。亦《また》、八たりの竪子来て、相語りて「是は亀比売の夫なり」と曰ひき。兹《ここ》に、女娘が名の亀比売なることを知りき。及ち女娘出で来ければ、嶋子、竪子等が事を語るに、女娘の曰ひけらく、「其の七たりの竪子は昴星《すばる》なり。其の八たりの竪子は畢星《あめふり》なり。君、な恠《あやし》みそ」といひて、即ち前《さき》立ちて引導《みちび》き、内に進み入りき。女娘の父母《かぞいろ》、共に相迎へ、揖《をろが》みて坐定《ゐしづま》りき。ここに、人間《ひとのよ》と仙都《とこよ》との別《わかち》を称説《と》き、人と神と偶《たまさか》に会へる嘉《よろこ》びを談議《かた》る。乃ち、百品《ももしな》の芳しき味《あじはひ》を薦《すす》め、兄弟姉妹《はらから》等は坏を挙げて献酬《とりかは》し、隣の里の幼女《わらは》等も紅《にのほ》の顔《おも》して戯れ接《まじ》る。仙《とこよ》の哥寥亮《うたまさやか》に、神の儛逶迤《まひもこよか》にして、其の歓宴《うたげ》を為すこと、人間《ひとのよ》に万倍《よろづまさ》れりき。兹に、日の暮るることを知らず、但《ただ》、黄昏《くれがた》の時、群仙侶《とこよひと》等、漸々《やくやく》に退《まか》り散《あら》け、即《やが》て女娘独留まりき。肩を双《なら》べ、袖を接《まじ》へ、夫婦《みと》之理《のまぐはひ》を成しき。

嶋子を迎えた竪子《わらわ》は、航海の際に方角を見定める指針として大切な昴星《すばる》と畢星《あめふり》。ということは、そこは海上に浮かぶ島ではなくて、天空であったようにも受け取れる。盛大な祝宴が果てると、「夫婦《みと》之理《のまぐわい》」を成すが、のちの『続浦島子伝記』（平安後期）は、ここが肝心とばかりに筆を揮い、「嶋子、神女と共に玉房《たまのへや》に入り、綺席《あやのむしろ》に坐り、腸《はらわた》を廻らし肝《きも》を傷《いた》め、心を撫で気を定《しづ》めき。薫風宝帳を吹きて、羅帷香を添へ、蘭灯は銀床を照《てら》して、錦筵は彩《いろどり》を加ふ。翡翠の簾《すだれ》は褰《かか》げて、翠嵐筵《むしろ》を巻き、芙蓉《はちす》の帳《とばり》は開きて、素月《しろきつき》幌《かけぎぬ》を射せり。玉顔に対《むか》ひ、以て鸞鏡《かがみ》に臨むを欲つせず。只、此の素質《しろきはだ》を以て、共に鴛衾に入り、玉体を撫でて、繊腰《ほそきこし》を勦《いたは》り、燕婉《うるはしき》を述べ、綢繆《まつはり》を尽せり。魚目を比《なら》ぶるの興、鸞《おほとり》心を同うするの遊、舒巻《のべまく》の形、偃伏《ふしふす》の勢、普《あまね》く二儀《いんやう》の理に会ひ、倶に五行の教に合《かな》へり」と、閨房での体位にまで及んでいる。

　時に、嶋子、旧俗《もとつくに》を遺《わす》れて仙都《とこよ》に遊ぶこと、既に三歳に逕《な》りぬ。忽に土《くに》を懐ふ心を起し、独、二親《かぞいろ》を恋ふ。故《かれ》、吟哀《かなしび》繁く発《おこ》り、嗟嘆《なげき》日に益しき。女娘《をとめ》、問ひけらく、「此来《このごろ》、君夫《きみ》が貌《かほばせ》を観るに、常時《つね》に異なり。願はくは其の志《こころばへ》を聞かむ」といへば、嶋子、対《こた》へけらく、「古人《いにしへびと》の言へらくは、少人《おとれるもの》は土を懐ひ、死ぬる狐は岳《をか》を首《かしら》とす、といへることあり。僕《やつがれ》、虚談《そらごと》と以《おも》へりしに、今は斯《これ》、信《まこと》に然《しか》なり」といひき。女娘、問ひけらく、「君、帰らむと欲《おもほ》すや」といへば、嶋子、答へけらく、「僕《やつがれ》、近き親故《むつま》じき俗《くにひと》を離れて、遠き神仙《とこよ》の堺《くに》に入りぬ。恋ひ眷《した》ひ忍《あ》へず、輙《すなは》ち軽《かろがろ》しき慮《おもひ》を申《の》べつ。望《ねが》はくは、蹔《しま》し本俗《もとつくに》に還《かへ》りて、二親を拝み奉《まつ》らむ」といひき。女娘、涙を拭《のご》ひて、歎きて曰ひけらく、「意は金石に等しく、共に万歳を期《ちぎ》りしに、何ぞ郷里《ふるさと》を眷《した》ひて、棄て遺《わす》るること一時《たちまち》なる」といひて、即ち相携へて徘徊《たちもとほ》り、相談ひて慟《なげ》き哀しみき。遂に袂《たもと》を拚《ひるが》へして退《まか》り去りて岐路《わかれぢ》に就きき。ここに、女娘の父母と親族《うから》と、但《ただ》、別を悲しみて送りき。女娘、玉匣《たまくしげ》を取りて嶋子に授けて謂ひけらく、「君、終《つひ》に賤妾《やつこ》を遺《わす》れずして、眷《かへり》尋ねむとならば、堅く匣を握《と》りて、慎《ゆめ》、な開き見たまひそ」といひき。即《やが》て相分れて船に乗る。仍《すなは》ち教へて目を眠らしめき。忽に本土《もとつくに》の筒川の郷《さと》に到りき。

歓楽を尽くして三年、いつしか退屈を憶え、望郷の念に駆られた嶋子は、玉匣《たまくしげ》（玉手箱）を土産に筒川に帰還した。

　即ち村邑《ざと》を瞻眺《ながむ》るに、人と物と遷《うつ》り易《かは》りて、更に由るところなし。爰《ここ》に、郷人《さとびと》に問ひけらく、「水の江の浦嶋の子の家《いへ》人は、今何処《いづく》にかある」ととふに、郷人答へけらく、「君は何処《いづこ》の人なればか、旧遠《むかし》の人を問ふぞ。吾《あ》が聞きつらくは、古老等《ふるおきなたち》の相伝へて曰へらく、先世《さきつよ》に水の江の浦嶋の子といふものありき。独《ひとり》蒼海《うみ》に遊びて、復《また》還り来ず。今、三百余歳を経《へ》つといへり。何ぞ忽《たちまち》に此を問ふや」

といひき。即ち棄てし心を銜《いだ》きて郷里《さと》を廻れども一《ひとり》の親しきものにも会はずして、既に旬日《とをか》を逕《す》ぎき。及ち、玉匣を撫でて神女《かむをとめ》を感思《した》ひき。ここに、嶋子、前《さき》の日の期《ちぎり》を忘れ、忽に玉匣を開きければ、即ち瞻《めにみ》ざる間に、芳蘭《かぐは》しき体《すがた》、風雲に率《したが》ひて蒼天《あめ》に翩飛《とびか》けりき。嶋子、即ち期要《ちぎり》に乖違《たが》ひて、還《また》、復《ふたた》び会ひ難きことを知り、首《かしら》を廻らして踟蹰《たたず》み、涙に咽《むせ》びて俳徊《たちもとほ》りき。

故郷に帰ってみれば、知る人とてない。里人からもう三百年経っていたと知らされて呆然となり、神女《かむをとめ》との約束も忘れて玉手箱を開くと、たちまちにしておのれの若々しい姿は飛び散ってしまった。

玉手箱を開く浦島太郎（講談社の新・絵本『浦島太郎』より）

本文はここまでで、このあとに嶋子と神女が詠みかわしたという歌が付いている。

ここに、涙を拭《のご》ひて哥《うた》ひしく、
常世べに　雲たちわたる
水の江の　浦嶋の子が
言《こと》持ちわたる。
神女、遥に芳しき音《こゑ》を飛ばして、哥ひしく、
大和べに　風吹きあげて
雲放れ　退《そ》き居りともよ
吾を忘らすな。
嶋子、更《また》、恋望《こひのおもひ》に勝《た》へずして哥ひしく、
子らに恋ひ　朝戸を開き

吾が居れば　常世の浜の
浪の音《と》聞こゆ。
後の時《よ》の人、追ひ加へて哥ひしく、
水の江の　浦嶋の子が
玉匣《たまくしげ》　開けずありせば
またも会はましを。
常世べに　雲立ちわたる
たゆまくも　はつかまどひし
我ぞ悲しき。

以上、いきなり長い引用から始めてしまったけれど、ここで「浦嶋子」の読みが、浦の嶋子、もしくは浦嶋の子と揺れていることに注意しておきたい。『日本書紀』の原文と『丹後国風土記逸文』の本文が、「浦嶋子」「嶋子」で一語なのに対して、『逸文』に付された歌は万葉仮名で「宇良志麻能古」と書かれているから、浦嶋と子とは切り離されてしまっている。「大和べに風吹きあげて」も、『古事記』仁徳天皇条で黒比売が詠んだ「倭《やまと》べににし（西風）吹き上げて雲離れ退き居りともよわれ忘れめや」（後述一一五頁参照）を踏まえているから、後世の加上である。してみると、「浦の嶋子」が本来の読みで、のち誤って「浦嶋の子」と読まれて姓へと定着し、それにともなって、太郎の名前が引き出されてきたと推察される。

## 玉手箱の中味

浦島伝承といえば、高橋虫麻呂が詠んだとされる『万葉集』巻第九、一七四〇の長歌も名高い。

　春の日の　霞める時に　墨吉《すみのえ》の　岸に出でゐて　釣船の　とをらふ見れば　古《いにしへ》の　事そ思ほゆる　水江《みずのえ》の　浦島の子が　堅魚《かつを》釣り　鯛釣り矜《ほこ》り　七日まで　家にも来ずて　海界《うなさか》を　過ぎて漕《こ》ぎ行くに　海若《わたつみ》の　神の女《をとめ》に　たまさかに　い漕ぎ向ひ　相誂《あひあと》ひ　こと成りしかば　かき結び　常世に至り　海若の　海の宮の　内の重《へ》の　妙なる殿に　携はり　二人入り居て　老いもせず　死にもせずして　永き世に　ありけるものを　世の中の　愚人《おろかひと》の　吾妹子《わぎもこ》に　告げて語らく　須臾《しましく》は　家に帰りて　父母に　事も告《かた》らひ　明日のごと　われは来なむと　言ひければ　妹《いも》がいへらく　常世辺に　また帰り来て　今のごと　逢はむとならば　この篋《くしげ》　開くな勤《ゆめ》と　そこらくに堅めし言《こと》を　墨吉に　還り来りて　家見れど　家も見かねて　里見れど　里も見かねて　恠《あや》しとそこに思はく　家ゆ出でて　三《み》歳《とせ》の間《ほと》に　垣も無く　家滅《う》せめやと　この箱を　開き見てばもとの如《ごと》　家はあらむと　玉篋《たまくしげ》　少し開くに　白雲の　箱より出でて　常世辺に　棚引きぬれば立ち走り　叫び袖振り　反側《こいまろ》び　足ずりしつつ　たちまちに　情消《こころけ》失せぬ　若かりし　膚《はだ》も皺みぬ　黒かりし　髪も白けぬ　ゆなゆなは　気《いき》さへ絶えて　後つひに　命死にける　水上の　浦島の子が　家地《いへどころ》見ゆ

ここではもう亀は登場しないし、嶋子が墨吉《すみのえ》、つまり現在の大阪府住吉区の住吉大社が鎮座するあたりの漁師になっている。歌の主題は、ひとえに「この箱を開ければ、昔のままの家が見られるだろうと思って」うっかり玉手箱の蓋を開けてしまった嶋子の軽率な行為と心理に向けられていて、続く一七四一の反歌では「常世辺《とこよへ》に住むべきものを剣刀《つるぎたち》己《な》が心から鈍《おそ》やこの君」と、不老不死の仙境に住んでいられたものを、思慮が足りないばかりに白髪の老爺となり、とうとう死んでしまった嶋子を、なんたる愚か者であるかと嘆息している。

高橋虫麻呂は、養老年間に常陸国守だった藤原宇合《うまかい》に仕えて、『常陸国風土記』の編纂に関わり、武蔵、上総、下総と東国より始めて、関西にも足跡を残している。真間《まま》の手児奈《てこな》や菟原処女《うはらおとめ》の伝説歌で名高いが、この浦島の子の伝承も現地の住吉で耳にしたのであったろう。ここでは、そこが丹後ではなくてなぜ住吉なのかは、追って述べる（二七、一六一頁）。

さて、それでは神女が土産にもたせた玉手箱には、いったい何が、つまり、どのような性質のものが入っていたのだったろうか。じつは、これが私の子供のころからの大いなる疑問で、古稀を過ぎたいまになっても、このことに触れずにおれないのは、ずっと心に懸《か》かってきたからだ。

常世の国とこの世とでは、時間の流れが違うことは、常世の三年がこの世の三百年に相当するという記述で了解できる。だが、そうであるなら、そもそも浦島が帰還したそのときに、ただちにそのことが現れなくてはならないはずである。けれども、そうはなっていないのが、第一の疑問。しかし、それにには目をつぶって、第二の疑問へ移ると、ではどうして嶋子が開けるのを知っていながら、神女は玉手箱を土産に持たせたのか。

記紀の黄泉《よみ》の国のくだりで、イザナミがイザナギに対して「な見たまひそ」と禁じたことが、即「見てしまう」ことの前提であったように、説話世界では、禁止をかけることは、それがあとで破られることとの伏線である。したがって、嶋子が帰郷を欲したのは、神女にとっては許しがたい裏切りなのだから、復讐の念から故意に不幸の詰まったパンドラの箱を渡したとみなせば、筋は通る。けれども、歌の内容からすると、神女の嶋子に対する恋情は変わらず、再び自分のもとへ戻り、共に末永く暮らすことを強く願っている。これは明らかな矛盾だ。

　子供相手の昔話に屁理屈を言うと、笑われるかもしれないが、嶋子が蓋を開けた玉手箱の中味、つまり『逸文』における「芳蘭之体」、『万葉集』における「白雲のごときもの」が何であったかについて、既説の代表的なものを調べてみた結果は、左の通りであった。

（一）浦島の玉手箱は長生不死の呪力を籠めたるもの。（高木敏雄『日本神話伝説の研究』）

（二）神仙としての永久の若さが玉匣に斎《いわ》い込められてあり、それが天上に飛去って浦島の若い姿が消えてしまった（秋元吉郎『日本古典文学大系本風土記』頭注）。

（三）玉手箱の中味は、風雲と共に蒼天に翩飛する神女の霊性。（中村宗彦『浦島古伝覚書』）

（四）玉手箱の中には、実は、乙姫様が人にあらざることを示唆するもの、むしろ、乙姫の元の姿である亀自体が入っていた。（浅見徹『玉手箱と打出の小槌』）

（五）玉匣の玉は魂。浦島子自身の魂。肉体から遊離した魂が常世へ帰ると肉体は単なる抜けがらに過ぎない。（安永寿延『常世の国』）

（一）（二）は、もっとも妥当な見解で、通説といっていいだろう。どちらも、常世国の霊性、つまり、不老不死の気体が入っていたとする点で共通する。後年、『お伽草子』などで、浦島の「よはひ（年齢）」が入っていたと説明されるのは、それをなんとか合理的に解釈しようと苦心した結果であろう。

　対して（三）は、神女が自分のよすがとなるものを入れたという点で、土産物としては相応しいが、次の（四）とともに、常世国と地上との時間の差に関わらないところが、弱点。ただし、その（四）は、『日本書紀』巻五崇神天皇条の、ヤマトトトビモモソヒメの夫になったオオモノヌシが、妻から

その姿を見せてくれとせがまれて、翌朝、櫛笥の中に入っていたところが、蓋を開けたモモソヒメは
それが子蛇だったことに驚きの声をあげ、ゆえにオオモノヌシは恥じて御諸山（三輪山）に帰り、モ
モソヒメは悔いてしゃがみこんだ拍子に箸で陰部を突いて死んでしまったという、例の箸墓伝説との
類似を論拠としており、次章で述べるワニの姿で出産したトヨタマヒメをも連想させる秀逸な見解。
（五）は、一見難解だが、地上の人間は、魂が遊離して死んだ状態にならなければ、あの世へは行け
ないとする古代人の考え方にのっとっている。すなわち、玉手箱は異郷で浦島が生きてゆけるように、
地上での魂を一時的に隠す容器として用いられたから、それが不要になったとき、それを浦島の魂ご
と彼に返した。それでこそ、自分に逢いたければ開けるなといった意味は分かるし、玉手箱を開けた
とたん、中味が常世国に靡《なび》いて消えてしまったわけも説明がつく。
したがって、なかではこの（五）説が、いちばん説得力があると私には思える。けれども、（一）
〜（五）のいずれであれ、どうにも納得できないのは、帰還後いかに動顛したとはいえ、ついふらふ
らと蓋を開けてしまった浦島の心のうちである。そこを衝いたのが、小説家の太宰治であった。

タチマチ　シラガノ　オジイサン
それでおしまいである。気の毒だ、馬鹿だ、などというのは、私たち俗人の勝手な盲断に過ぎな
い。三百歳になったのは、浦島にとって、決して不幸ではなかったのだ。（中略）曰く、
年月は、人間の救いである。
忘却は、人間の救いである。
竜宮の高貴なもてなしも、この素晴らしいお土産に依って、まさに最高潮に達した観がある。思
い出は、遠くへだたるほど美しいというではないか。しかも、その三百年の招来をさえ、浦島自身

の気分にゆだねた。ここに到っても、浦島は、乙姫から無限の許可を得ていたのである。（中略）これ以上の説明はよそう。日本のお伽噺には、このような深い慈悲がある。

浦島は、それから十年、幸福な老人として生きたという。


右は、昭和二十年三月から七月にかけて、米軍の爆撃を避けるための防空壕の中で、自分の子供に絵本を読み聞かせながら想を練ったという太宰版『お伽草子』中の一篇、「浦島太郎」の末尾。この作者ならではの機知と皮肉と言いたいところだが、なんだか負け惜しみみたいで、いつもの冴えがない。つまり、太宰ほどのひねくれた小説家であっても、ここでの浦島の胸中には手を焼いて、うまい解釈を見出せなかったようなのだ。

## 伊予部連馬養《いよべのむらじうまかい》という男

浦嶋子の話を載せる『丹後国風土記逸文』は、あと二つ、別の伝承を載せている。それについて触れるまえに、『風土記』成立の事情と、右の浦島伝承を筆録した人物のことを述べておきたい。

『続日本紀』和銅六年（七一三）五月甲子（三日）の条は、「畿七道諸国の郡郷の名に好字を着け、其の郡内に生ずる所の銀銅・彩色・草木・禽獣・魚虫等の物は、具《つぶさ》に色目を録し、及び土地の沃塉《よくせき》、山川原野の名号の所由、また古老相伝ふる旧聞異事は史籍に載せて言上せよ」との、いわゆる『風土記』撰進の詔命を載せる。『古事記』成立の前年で、『日本書紀』の完成は七年後だから、大和朝廷は天皇家のもとに統一された国家の正統性を、歴史的にあとづけたのち、今度は国ごとの実情をつぶさに掌握する必要に駆られたものとみえる。

『風土記』とは、かかる命を受けて、六十余国の国司が「解」、つまり上級官庁への提出書類の書式をとって編纂されたものの総称である。提出の時期は国によりまちまちで、常陸国、播磨国は二年以内とみなされているのに対して、豊後国、肥前国などは二十年を要した。しかるに、現伝本は「常陸国」「播磨国」「出雲国」「豊後国」「肥前国」のわずか五国、うち完本は『出雲国風土記』だけで、大半が失われてしまったのは、惜しみて余りある。これは、正史である『日本書紀』や、後年その価値を認められた『古事記』とは違い、一定期間だけ保管される役所の事務書類だったため、用済み後は処分されてしまった結果である。

　では、この丹後国の場合も含めて、山城、摂津、伊勢、尾張、近江、阿波、伊予、筑前、日向など、諸国の記録の断片がなぜ残ったかといえば、平安期の『意見封事』や、鎌倉期の『万葉集注釈』、『釈日本紀』、『塵袋』などの書物に、「○○風土記に曰く」というかたちで部分的に引用されていたからで、それゆえに逸文（逸せられた＝失われた文）と称される。

　さて、この『風土記』が貴重なのは、記紀にない、もしくはあってもごく断片的にしか記載されていない、地方に特有の伝承が詳細に語られているからで、『丹後国風土記』の場合も例外ではない。問題はこれが提出された時期だが、それを推定するヒントは二つある。一つは、加佐・与佐（与謝）・丹後・竹野・熊野の五郡が丹波国から分かれて新設の丹後国に編入されたのは、『続日本紀』によると和銅六年（七一三）四月だから、それ以降となること。二つは、行政区画名として国郡里が唱えられたのは、霊亀元年（七一五）以前だから、結局、これが書かれたのは、七一三年から七一五年までの間であったろうと時期がしぼられてくる。

　次に問題になるのは、『逸文』が「是は旧《もと》の宰《みこともち》伊預部《いよべ》の馬養《うまかい》の連《むらじ》が記せるに相乖《そむ》くことなし」と述べた、その伊預部連馬養という人物についてである。私は彼を、先に引いた『日本書紀』が「語《こと》は別巻に在り」と記した、その別巻の執筆担当者であったろうと推定するが、その理由は以下の通りだ。

伊預部連馬養の名は、持統紀三年（六八九）六月の条に、施基《しき》皇子ら五名とともに選善言司《よきことえらぶつかさ》（南宋の『古今善言』三十巻を手本に、草壁皇子の子である軽皇子や、皇族・貴族の子弟の修養に役立つ書物を撰進するための役所）の一人として採用されたとの記事が載り、『続日本紀』には、文武天皇四年（七〇〇）六月三日、律令撰定の命をうけたとして、刑部《おさかべ》親王、藤原不比等、粟田真人、伊岐博《いきのはか》徳《とこ》ら十数名とともに、その名が見えている。位階は従五位下どまりで、律令完成（七〇一年）後まもなく死亡したらしい（没年は不明）が、その経歴からして、当代第一級の知識人の一人であったことは間違いない。ちなみに、選善言司は大宝令における中務省内記の前身と考えられ、平安期には小野篁《たかむら》、菅原道真、三善清行、紀友則、紀貫之、坂上是則らを輩出していることに鑑みて、祝詞・宣命・詔勅の作成や史書・律令の編纂には、山部赤人、高市黒人といった万葉歌人らも参加していた可能性が指摘されている。

左は漢詩集『懐風藻』に、「皇太子学士」の肩書きのもとに選ばれた、馬養の一首。

五言。駕に従ふ、応詔。一首。

帝堯仁智に叶ひ、仙蹕《せんひつ》山川を玩《め》でたまふ。
畳嶺杳《ふか》くして極《きはま》らず、驚波断えて復連《またつらら》く。
雨晴れて雲は羅《うすもの》を巻き、霧尽きて峰は蓮《はちす》を舒《ひら》く。
庭に舞ひて夏槿を落《ちら》し、林に歌ひて秋蟬を驚かす。
仙槎栄光を泛《う》かべ、鳳笙祥煙を帯ぶ。
豈《あ》に独り瑶池の上《へ》のみならめや、方《まさ》に唱《うた》はむ白雲の天。

持統天皇の吉野宮行幸に扈従《こじゅう》した折に作られたものとされ、当時の知識人の常で、中国直輸入の神仙思想の模倣が目立つ。『丹後国風土記逸文』の浦嶋子のくだりが、『遊仙窟』ほかの影響を受けているのと同様である。

この伊預部連馬養が、机上の作文に才があっただけのことであるなら、どうということもない。私が彼を重くみるのは、丹後国が分立する以前の丹波国国司で、大和朝廷側の事情にも、在地の事情にも明るく、かつは同じ海人族の末裔の一人として、一族の伝承に広く通じていたであろうと推測するからだ。

すなわち、伊預部連（伊与部連、伊余部連とも）氏とは、伊与国造家の部曲《かきべ》の裔《すえ》の本宗（連姓を賜う）で、四国の伊予を本貫地とするが、『三代実録』は火明命《ほあかりのみこと》を祖とするとしているから、後述するように、一族の足跡は海人族の雄、尾張族などと合体して、隣国の讃岐はもとより、遠く尾張、駿河へも及んでいたと考えられるのである。

ここで、冒頭に引いた『丹後国風土記逸文』に戻ると、与謝郡日置の里筒川の村（現伊根町本庄浜）の人々は、浦の漁師だった嶋子を、自分たち日下部首《おびと》の祖であると明言していた。本文では神女とのあいだに子供が生まれたとは書いていないので、子孫を称したのは、そうありたいという願望に過ぎないだろうが、太田亮『姓氏家系大辞典』はこの日下部氏について、「もと仁徳天皇の皇子日下王、若日下王の為に設けたる御名代部より発達し、後に天下の大姓となれり。御母は日向之諸県君《ひむかのもろあがたのきみ》牛諸《うしもろ》井《い》の女髪長比売《むすめかみながひめ》なり」と記し、日下部首については、「日下部の伴造。姓氏録、和泉皇別に『日下部首、日下部宿禰同祖、彦坐命《ひこいますのみこと》之後也』と見ゆ。即ち開化天皇後裔、丹波道主《たにはのみちぬし》家の一族にして、子孫大いに栄え、殊に山陰地方に多し」と記している。

母系の日向之諸県君牛諸井の女髪長比売については、これものちに述べるが、日下部氏の本貫地は河内の日下。河内の日下といえば、よく知られているように、物部氏の祖ニギハヤヒが神武東遷に先立って、天磐船に乗って降臨した、太陽信仰のメッカであった。

仁徳記に、「免寸《とき》河の西に一つの高樹があって、その樹の影は朝日があたると淡路島に及び、夕日があたると高安山を越えた。その樹を切って船を作ったが、非常に早く行く船で、枯野《からの》と名づけた」と出てくる。『播磨国風土記』讃容郡《さよのこおり》の条は、河内国免寸《とのき》の地名を載せるので、ここは和泉国泉北郡取石村大字富木に比定されよう。かつての日部郷《ひべのさと》で、その名は日下部に由来する。至近距離にあるのが、海神を祀る住吉神社だから、同地にも虫麻呂が詠った浦島伝承が残るのに不思議はなく、ことによるとその原型は、丹後国の場合と同じく、遠く歴史時代を遡って形成された可能性が強いのである。

## 奈具《なぐ》社の羽衣説話と天の橋立

浦島についてはこれくらいにしておいて、『丹後国風土記逸文』の残る二つに移る。続いては奈具社の羽衣説話から。

丹後の国丹波の郡《こほり》。郡家の西北《いぬゐ》の隅の方《かた》に比治《ひぢ》の里あり。此の里の比治山の頂《いただき》に井あり。其の名を真名井と云ふ。今は既に沼と成れり。此の井に天女八人《あまつをとめやたり》降り来て水浴《みかはあ》みき。時に老夫婦《おきなとおみなと》あり。其の名を和奈佐の老父《おきな》・和奈佐の老婦《おみな》と曰ふ。此の老等《おきなら》、此の井に至りて、竊《ひそ》かに天女一人の衣裳《きもの》を取り蔵《かく》しき。即《やが》て衣裳ある者は皆天《あめ》に飛び上りき。
但《ただ》、衣裳なき女娘《をとめ》一人留まりて、即《すなは》ち身は水に隠して、独《ひとり》懐愧《は》ぢ居《を》りき。爰《ここ》に、老夫、天女に謂ひけらく、「吾《あ》は児《こ》なし。請《こ》ふらくは、天女娘、汝《いまし》、児と為《な》りませ」といひき。（天女、答へけらく、「妾独《あれひとり》人間《ひとのよ》に留まりつ。何ぞ敢へて従はざらむ。請ふらくは衣裳を許したまへ」といひき。老夫、「天女娘、何ぞ欺《あざむ》かむと存《おも》ふや」と曰へば、天女の云ひけらく、「凡《すべ》て天人《あめひと》の志《こころばへ》は、信《まこと》を以《も》ちて本《もと》と為す。何ぞ疑心《うたがひ》多くして、衣裳を許さざる」といひき。老夫答へけらく、「疑多く信なきは率土《ひとのよ》の常なり。故《かれ》、此の心を以ちて、許さじと為《おも》ひしのみ」といひて、遂に許して、）即ち相副《たぐ》へて宅《いへ》に往き、即ち相住むこと十余歳《ととせあまり》なりき。爰《ここ》に、天女、善《よ》く酒を醸《か》み為《つく》りき。一坏《ひとつき》飲めば、吉《よ》く万《よろづ》の病除《やまひい》ゆ。其の一坏の直《あたひ》の財《たから》は車に積みて送りき。時に、其の家豊かに、土形《ひぢかた》富めりき。故、土形の里と云ひき。此を中間《なかつよ》より今時《いま》に至りて、便《すなは》ち比治の里と云ふ。後、老夫婦等、天女に謂ひけらく、「汝は吾が児にあらず。蹔《しまら》く借《かり》に住めるのみ。早く出で去《ゆ》きね」といひき。ここに、天女、天《あめ》を仰ぎて哭慟《なげ》き、地《つち》に俯《うつぶ》して哀吟《かな》しみ、即《やが》て老夫等に謂ひけらく、「妾《あ》は私意《わがこころ》から来つるにあらず。是《こ》は老夫等が願へるなり。何ぞ猒悪《いと》ふ心を発《おこ》して、忽《たちまち》に出《いだ》し去《す》つる痛きことを存《おも》ふや」といひき。老夫、増《ますます》発瞋《いか》りて去《ゆ》かむことを願《もと》む。天女、涙を流して、微《すこ》しく門《かど》の外《と》に退き、郷人《さとびと》に謂ひけらく、「久しく人間《ひとのよ》に沈みて天に還ることを得ず。復《また》、親故《したしきもの》もなく、居《を》らむ由《すべ》を知らず。吾《あれ》、何《いか》にせむ、何にせむ」といひて、涙を拭《のご》ひて嗟歎《なげ》き、天を仰ぎて哥《うた》ひしく、

天《あま》の原　ふり放《さ》け見れば
霞立ち　家路《いへぢ》まどひて
行方《ゆくへ》知らずも

遂に退き去《ゆ》きて荒塩《あらしお》の村に至り、即ち村人等に謂ひけらく、「老父老婦の意を思へば、我が心、荒塩に異なることなし」といへり。仍《よ》りて比治の里の荒塩の村と云ふ。亦《また》、丹波《たには》の里の哭木《なきき》の村に至り、槻《つき》の木に拠《よ》りて哭《な》きき。故、哭木の村と云ふ。復、竹野《たかの》の郡船木の里の奈具《なぐ》の村に至り、即

ち村人等に謂ひけらく、「此処にして、我が心なぐしく成りぬ。」といひて、乃《すなは》ち此の村に留まり居りき。斯《こ》は、謂《い》はゆる竹野の郡の奈具の社に坐《いま》す豊宇賀能売命《とようかのめのみこと》なり。

右が全文である。ここでは、天女の衣裳（羽衣）を隠したのは、姓悪な老夫婦。けなげにも酒造りに精を出して家を富ます（このあたり、『竹取物語』のかぐや姫と似ている）が、用済みになると追い出されてしまい、天に還ることもならず、苦難にみちた放浪が始まる。やがて至ったのが、竹野郡船木の里の奈具の村。ここでようやく心おだやかになった天女は、以後トヨウカメノミコトとして祀られ、奈具の地名もそれに由来するという次第。

この説話の特異性は、お隣の近江国伊香小江《いかごのおうみ》の羽衣説話と比べてみると、よく分かる。

古老《ふるおきな》の伝へて曰へらく、近江の国伊香《いかご》の郡。与胡《よご》の郷《さと》。伊香の小江《をうみ》。郷の南にあり。天《あめ》の八女《やおとめ》、倶《とも》に白鳥《しらとり》と為りて、天より降りて、江《うみ》の南の津に浴《かはあ》みき。時に、伊香刀美《いかとみ》、西の山にありて遥かに白鳥を見るに、其の形奇異《あや》し。因《よ》りて若《も》し是れ神人《かみ》かと疑《おも》ひて、往《ゆ》きて見るに、実《まこと》に是れ神人なりき。ここに、伊香刀美、即《やが》て感愛《めづるこころ》を生《おこ》して得還り去らず。竊《ひそ》かに白き犬を遣《や》りて、天《あまの》羽衣を盗み取らしむるに、弟《いろと》の衣を得て隠しき。天女《あまつをとめ》、乃《すなは》ち知《さと》りて、其の兄七人《いろねななたり》は天上《あめ》に飛び昇《あが》るに、其の弟一人は得飛び去らず。天路《あまじ》永く塞《とざ》して、即ち地民《くにつひと》と為りき。天女の浴《かはあ》みし浦を、今、神の浦と謂ふ、是なり。伊香刀美、天女の弟女《いろと》と共に室家《をひとめ》と為りて此処に居《す》み、遂に男女を生みき。男二たり女二たりなり。兄の名は意美志留《おみしる》、弟《おと》の名は那志登美《なしとみ》、女《むすめ》は伊是理比咩《いぜりひめ》、次の名は奈是理比賣《なぜりひめ》、此は伊《い》香連《かごのむらじ》等が先祖《とほつおや》、是なり。後《のち》に母《いろは》、即ち天羽衣を捜し取り、着て天に昇りき。伊香刀美、独り空しき床を守りて、唫詠《ながめ》すること断《や》まざりき。（『近江国風土記逸文』）

羽衣説話の別名は、白鳥処女説話（Swan-maiden stories）。そのヴァリエーションは世界各地に分布し、わが国では駿河国三保松原のそれが有名だが、湖北余呉の湖を舞台とする右の伝承は、もっとも標準的で、古形を保っている。

白鳥処女説話の基本は、一、白鳥となって天降った神女が水浴しているところを、通りかかった若者が見つける。二、若者は神女の羽衣を盗み、天に戻れなくなった神女は、やむをえず若者と結婚し、子をなす。三、数年後、神女は羽衣を見つけて、天に帰還し、若者は復縁の道を絶たれる。という三要素から成るが、右の伊香小江の説話が、男女四人も子を儲けているのは、伊香連の始祖伝承として語られたからで、同地では式内伊香具神社に祖神を祀っている。

対して、奈具社の説話は、一、羽衣を盗んだのは老夫婦、二、神女との結婚には至らない、三、十数年後、放逐される。というように、基幹のストーリーは大きく改変されている。

今日まで伝わる『丹後国風土記逸文』の残る一つは、天の橋立説話である。

与謝郡。郡家の東北の隅《うしとら》の方《かた》に速石《はやし》の里あり。此の里の海に長く大きなる前《さき》あり。先《さき》を天の椅立《はしだて》と名づけ、後《しり》を久志《くし》の浜と名づく。然《しか》云ふは、国生みましし大神、伊射奈藝命《いざなぎのみこと》、天に通ひ行《い》でまさむとして、椅《はし》を作り立てたまひき。故《かれ》、天の椅立と云ひき。神の御寝ませる間に仆《たふ》れ伏しき。仍《すなは》ち久志備《くしび》ますことを恠《あやし》みたまひき。故、久志備の浜と云ひき。此《こ》を中間《なかつよ》に久志と云へり。此《これ》より東の海を与謝の海と云ひ、西の海を阿蘇の海と云ふ。是の二面《ふたおもて》の海に、雑《くさぐさ》の魚貝等《ども》住めり。但《ただ》、蛤《うむぎ》は乏少《すくな》し。

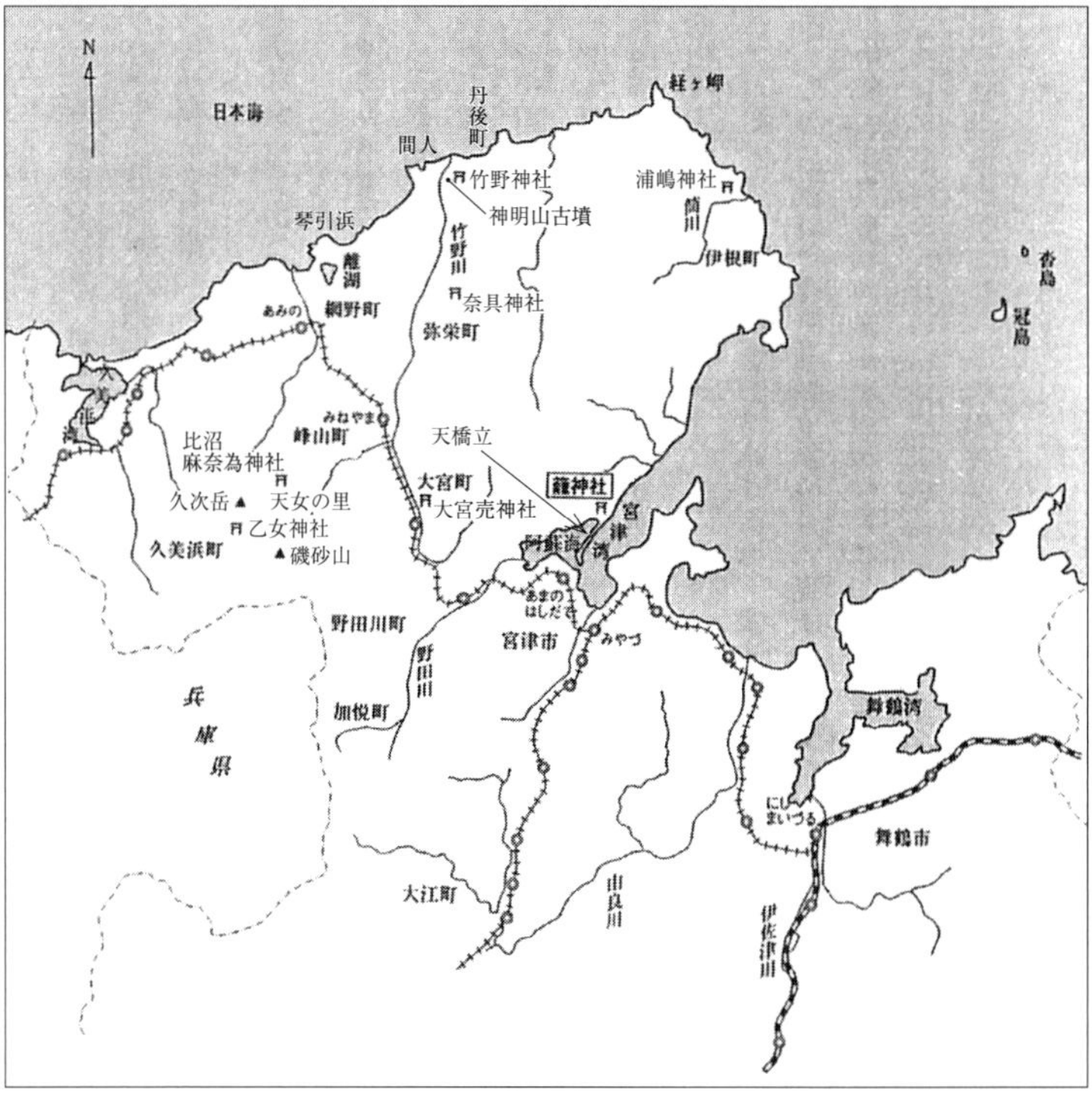
N
日本海
丹後町
間人
経ヶ岬
竹野神社
神明山古墳
浦嶋神社
筒川
琴引浜
離湖
竹野川
伊根町
冠島
あみの
網野町
奈具神社
弥栄町
みねやま
峰山町
天橋立
比沼
麻奈為神社
籠神社
大宮町
久次岳
天女の里
大宮売神社
宮津湾
乙女神社
阿蘇海
久美浜町
磯砂山
あまの
はしだて
野田川町
宮津市
みやづ
野田川
兵庫県
加悦町
舞鶴湾
にし
まいづる
舞鶴市
大江町
由良川
伊佐津川

丹後半島全図

いわゆる地名説話で、日本三景の一つに数えられる天下の名勝が、なぜ天の橋立と呼ばれるのか、その由縁が説かれている。イザナギが天に通うのに用いたハシゴが、昼寝（たぶん）をしているうちに倒れてその地形が生まれたとは、わが古代人の想像力、スケールが大きい上にとぼけたユーモアがあって、なかなかよろしい。この天の橋立は、言ってみれば天の浮橋にほかならず、それが海に横たわっているのだから、本書が扱う海人族の信仰と民俗を一身に具現している。

## 籠《この》神社と竹野《たかの》神社

以上、つい長くなってしまったが、『丹後国風土記逸文』として奇跡的に残された、それぞれに独立した三つの伝承、すなわち、浦島、羽衣、天の橋立という著名な古代説話を導入に、本書はスタートする。このあと、これをどう展開していくか、五里霧中でいた頃、私は思い立って実地にその舞台を訪ねたことがあった。

関西在住の人には、さほどではないのだろうが、東京から行くとなると、数日かけないと、丹後半島を一周できない。当時は勤務の身で時間に余裕がなく、おまけにクルマの運転が出来ない私は、やむをえず妻の助けを借りることにした。京都で一泊した翌朝、レンタカーの助手席におさまると、陸路を北上したのち、順路に沿って海岸沿いを、天の橋立、丹後国分寺跡、籠《この》神社、浦島神社、宇良《うら》神社、竹野《たかの》神社、神明山古墳、琴引浜と見て廻り、その夜は間人《たいざ》で泊り、翌日は奈具神社、比沼麻奈為《ひぬまない》神社、天女の里、乙女神社、大宮売《おおみやめ》神社に立ち寄って、帰京した。

とうてい調査とはいえぬ駆け足の旅だったが、それでも収穫はあった。やはり、現地は自分の足で踏んでみるにかぎる。一つは、籠神社の境内にほど近い飛び地に、奥宮として真名井神社が祀られて

雪舟「天橋立図」（奥が阿蘇海、手前が与謝海）

いたことで、籠神社でもらったパンフレットには、「別称、豊受大神宮、比沼真名井、外宮元宮、元伊勢大元宮」とあって、「彦火明命《ひこほあかりのみこと》が丹後の地に降臨され、真名井神社に元初の神、豊受大神をお祀りされた。天ノヨサヅラ（瓢箪の褒め言葉）に天の真名井の御神水を入れてお供えされたので、この宮をヨサの宮（吉佐宮）と云う」と書かれてあった。

　籠神社は天の橋立を見下ろす景勝地に立地しており、丹後国造だった海部《かいふ》氏が代々宮司を務めて今日に至っている。問題は、その海部宮司家が秘蔵してきた伝世鏡（中国前漢期の辺津《へつ》鏡と後漢期の息津《おきつ》鏡の二面）と、昭和五十一年にともに国宝に指定された通称「海部氏系図」および「勘注系図」である。これらは火明命《ほあかりのみこと》を祖とする海部直《あたい》家が、この地方の海人族の長として連綿と一族を率いてきたことの証しで、社伝は当社を籠神社と名乗る所以は、主神の火明命、すなわち山幸＝ヒコホホデミノミコトが、竹で編んだ籠船（無目籠《まなしかたま》）に乗って海神の宮に行ったという記紀の故事にちなんでおり、そのことを同族である日下部氏の始祖伝承として民話風に語り伝えたのが、在地の浦島伝説であると述べていた。してみると、前述した『丹後国風土記逸文』のそれぞれに独立した三つの伝承、浦島、羽衣、天の橋立説話は、この海部宮司家のもとで一つに結ばれるのである。

現地を踏んで、もう一つ目を開かれたのは、竹野川の河口近くに位置する神明山古墳とその麓の竹野神社を訪れたときのことで、案内板には、それぞれ次のように書かれていた。

史跡　神明山古墳

この古墳は全長180mをこえる丹後地方では最大級の前方後円墳です。竹野川流域の平野や遠く日本海を見おろす丘の上に築かれたこの古墳は、今から1600年前にこの地方を支配していた豪族の墓です。古墳には埴輪が並べられ、斜面は葺石《ふきいし》と呼ばれる河原石で飾られていました。竪穴式石室と呼ばれる死者を埋葬した部分はすでに破壊されていますが、碧玉製の盒子《ごうす》など当時の豪族の権力を示すような遺物が出土しています。

竹野神社

竹野神社は、「延喜式」の神名帳で大社として記される。祭神は天照大神であり、本殿と並んで摂社斎宮神社があり、祭神として日子坐王命《ひこいますのみこと》、建豊波豆良和気命、竹野媛命《たかのひめのみこと》を祀る。竹野媛は丹波大県主由碁理《おおあがたぬしゆごり》の娘で、第九代開化天皇の妃となる。『古事記』『日本書紀』にも記され、竹野神社は竹野媛が年老いて天照大神を祀ることに始まると伝えられる。

斎宮神社には、第三十一代用明天皇の第三皇子である麻呂子親王も祀られ、鬼賊退治と丹後七仏薬師の伝承がある。

奥丹後は、今では鄙《ひな》びた寒村に過ぎないが、古代は日本海側で出雲と並ぶ有数の繁栄地であった。竹野媛と聞いて私が思い浮かべたのは、『古事記』から読み取れる左の系譜である。

後段で詳しく述べることになるけれど、古代、丹後からは多くの皇妃が出ている。開化天皇妃の丹波竹野媛もその一人で、二代あとの垂仁天皇妃に迦具夜比売命《かぐやひめのみこと》がいる。竹、かぐや姫とくれば、反射的に『竹取物語』のことが思い浮かび、籠神社の籠も竹製で、これは前述した社伝が伝えるように浦島とリンクする。しかも、そこが元伊勢と呼ばれて、伊勢神宮の創祀にも関わっているのは、いったいどのようなことの次第であろうか。

その日、私たちが泊まった宿は、間人にあった。これは「たいざ」と読むのが正解。そのわけは、聖徳太子の生母、穴穂部間人《はしひと》皇后（用明天皇妃）が、蘇我氏対物部氏の戦乱を逃れて同地に避難、物部守屋が滅ぼされて世の中がおさまり、斑鳩《いかるが》の宮に帰るときに歌を詠んで、「今日よりこの里を間人

開化天皇 ―― 崇神天皇 ―― 垂仁天皇
　　　　　　　　　　　　　　｜
　　　　　　　　　　　　迦具夜比売命
開化天皇
　｜
丹波竹野媛
　｜
比古由牟須美命 ―― 大筒木垂根王
　　　　　　　　　　讃岐垂根王

村と名づくべし」と言われた。けれども、皇后の名を口にするのは畏れ多いとして、この里を退座したのにちなんで、そう呼んだというのである。

そういえば、大江山の酒呑《しゅてん》童子伝説の原話と考えられる麻呂子王の鬼退治伝説の主人公も、用明天皇の第二皇子・当麻《たいま》皇子（聖徳太子の異母弟）である。用明天皇の妃と当麻皇子にまつわる話が、都からは遠いこの丹後半島を舞台にし、半島一帯に流布しているのも、何かしらわけがありそうだ。

ちなみに、この間人《はしひと》は、喜田貞吉《きたさだきち》「間人考」によると、読んで字のごとく中間人の意で、良民と賤民の中間に位する身分。本居宣長が、「間」は借字で土師人《はしひと》を意味し、この場合、乳母の姓であることを示すと述べた（『古事記伝』四十四巻）のに対して、その間に「駆使部《はせつかべ》」（駆使の賤役に従事した部民）なる部族名を介在させると、中間人であることの意が了解できるとして、「要するに駆使部も泥部《はじべ》もともに同一階級のもので、もと土師人の亜流が活きんがために種々の職業に従事したから起ったにほかならない」と説いた。

しからば、欽明天皇の皇女ともあろう高貴な身分の人間が、なにゆえハシヒトの名を冠せられねばならぬのか。それだけではない。舒明天皇の皇女（孝徳天皇の皇后）もまた、間人皇女の名で呼ばれていた。これは、いったいどうしたことだろうか。

翌日訪れた奈具社と比沼麻奈為神社は、先述の羽衣説話の伝承地である。前者は竹野川の中流、弥栄町船木の小字奈具に鎮座。船の木材を出したところから命名された古代舟木郷に属していた。他方、後者の名が、比治真名井神社の転訛であるのは、言うまでもない。天女が水浴びをしたという泉は、現在、乙女神社と名を変えて観光地になっていたのには幻滅したが、そこからは若干離れた峰山町久《ひさ》次《つぎ》の麻奈為神社は、訪れる人とてなく、古寂びたたたずまいが好ましかった。磯砂《いさなご》山の麓にある比沼麻奈為神社とは本家争いをしているそうで、こちら久次岳の山頂の大岩は、ウケモチの神が降臨した場所で、近くには月の輪田という神田があるとのこと、何やら背後に月読《つくよみ》信仰の影が動いているような気配もある。

——ということで、話はさまざまに錯綜してくるが、伝承の縺《もつ》れはわが国の民俗・文化の無限の豊かさの証しでもある。以下、主には海人族の運命を追跡するなかで、こんぐらがった糸を解きほぐしながら、わが国古代の謎に迫ってみよう。

# 第2章　海人族の原郷

## 海幸《うみさち》と山幸《やまさち》

『丹後国風土記逸文』や『万葉集』が載せる浦嶋子伝承は、もともと海人族が持ち伝えたものであったろう。しかるに、記紀神代巻の棹尾を飾る山幸《やまさち》の海神宮訪問譚には、多くの類似点が認められる。

オオクニヌシの国譲り、天孫降臨の段に続くその内容を要約すると、左の通り。

（一）サルタヒコに先導されて高千穂のクシフルタケに天降ったアマツヒコホノニニギノミコト（アマテラスの孫）は、笠沙の岬に宮居《みやい》し、オオヤマツミの娘カムアタツヒメ（またの名コノハナノサクヤヒメ）と結婚する（姉のイワナガヒメは醜いので、帰された。岩のごとく頑健な姉と結婚しておれば、歴代の天皇の寿命は長久であったろうが、そうではなかったので、命に限りができた）。彼女は一夜で神の子を孕《はら》み、産屋に火を放って、火中でホデリノミコト（海幸《うみさち》、隼人《はやと》の祖）、ホスセリノミコト、ホオリノミコト（山幸、またの名はヒコホホデミノミコト）の三柱を生んだ。

（二）この海幸・山幸の兄弟が、あるとき佐知《さち》（獲物を捕獲する道具）を交換するが、弟の山幸は兄海幸の釣針をなくしてしまい、返還を求められる。困惑した山幸は、塩土老翁《しおつちのおじ》（塩椎神《しおつち》）の教えで無目籠《まなしかたま》（『古事記』では間なし勝目。目が堅く詰まった竹籠製の小船）に乗って海中の綿津見《わたつみ》の宮を訪ね、海神の娘トヨタマヒメに見初められて結婚する。
（三）歓楽のときを過ごして三年、山幸は失った釣針のことを思い出して嘆息し、わけを話すと、海神は鯛の喉に刺さっていた釣針を見つけてくれ、土産に塩盈珠《しおみつたま》、塩乾珠《しおひるたま》を授かる。
（四）鰐《わに》に送られて地上に帰還すると、兄の海幸が攻めてきた。そこで、海神に教えられたとおりに塩盈珠、塩乾珠を用いて兄を苦しめ、ついに服従させた。ここまでが、前半。
（一）のサルタヒコは、天の八衢《やちまた》にいたので、アメノウズメをして誰何《すいか》させると、そう名乗ったとある。ホノニニギを先導後、彼女はサルタヒコを鎮座地（場所の名は書かれていないが、おそらく伊勢であったろう）に送り、その名を負って以後子孫は猿女《さるめ》と呼ばれたと説明されている。また、後日談として、阿耶訶《あざか》（三重県松阪市にその名が残る）の地でサルタヒコが漁をしていると、ひらぶ貝に手を挟まれて溺れたので、アメノウズメは大小の魚（鰭《はた》の広物・鰭の狭物）、ナマコに対して御饌《みけ》の奉仕を命じ、それが縁で、代々「嶋の速贄《はやにえ》」（志摩国の初物）を猿女の君に賜ることになったと書かれているのは、後述するアマテラスと伊勢および海人族との関わりを考えるうえで、注意される。
　コノハナ（木花＝桜花）サクヤ（咲耶）ヒメがオオヤマツミ（山神）の娘なのは、富士山が彼女を主神としていることと関係しよう。桜は稲の豊饒を占う神木。稲穂の神格を持つホノニニギとのあいだに、やはり穂と縁の深いホデリ、ホスセリ、ホオリの三神を生むが、火中出産であることを強調しているのは、ホ（穂）は火《ホ》をも意味するからで、これが神話的思考というものであろう。先に触れた伊預部連や海部氏、尾張連など、海人族がこぞって祖神と仰ぐホアカリノミコト（火明命）は、ここでは天孫ホノニニギノミコトの兄として位置づけられている。
（二）（三）（四）は、無目籠《まなしかたま》を亀に、トヨタマヒメを神女に置き換えれば、浦島伝承に近づく。亀の甲羅の六角形模様が、籠の紋様と似ているのは、偶然であろうか。海神宮へ行くのは、失われた釣針を求めてであると、こちらは目的がはっきりしているが。無目籠は、インドネシアが原産の竹で造られる隼人特産の品。塩土老翁は、潮の干満を司る航海神。のち、神武天皇東遷の折にも出現して、海人を守護する（後述）。
ちなみに、村松武雄『日本神話の研究』は、この神話の発祥地はインドネシア海域であることを指摘し、一例としてセレベス島（現スラウェシ島）ミナハッサの説話を挙げている。

パサンバンコのカヴルサンといふ男が、一友から鉤を借り受け、小舟で海に出て釣をしてゐると、魚のために糸を切られて鉤を失つた。帰つて友に語ると、友は「是非元の鉤を返してもらひたい。他の鉤なら十個でも受取らぬ。」と言ふ。困惑したカヴルサンは、再び海に出て、鉤を失くした場所で水中に没すると、一つの道がついてゐるのを見出した。その道を辿つて行くと、とある村に到つた。一軒の家から騒ぎと悲歎の声とが聞えるので、その家に入ると、乙女がその喉に刺さった鉤のために苦しんでゐる。カヴルサンが、鉤を喉から引き抜いてやつたので、乙女の両親が喜んで贈物を彼に与へた。カヴルサンが海中に没した場所に引き返すと、小舟が見えなくなつてゐたので、歎き悲しんでゐると、一匹の大きな魚がやつて来た。魚は彼の懇願を容れて、彼がその背に坐するや、疾風のやうな早さで水裏を飛び、間もなく著いた。彼はおのれを苦しめた友に復仇すべく、諸諸の神の冥助を乞ひ、大雨を降らせてこれを窮境に陥れる。

そういえば、因幡の白兎の話もインドネシアに類話があるから、となると古代海人族の有力グループである隼人のルーツはインドネシアにあることの蓋然性は高く、彼らははるばる南方の海上から航海術を駆使し、星座コンパスを操って、黒潮の本流に乗って渡ってきたことになる。鹿児島県国分市

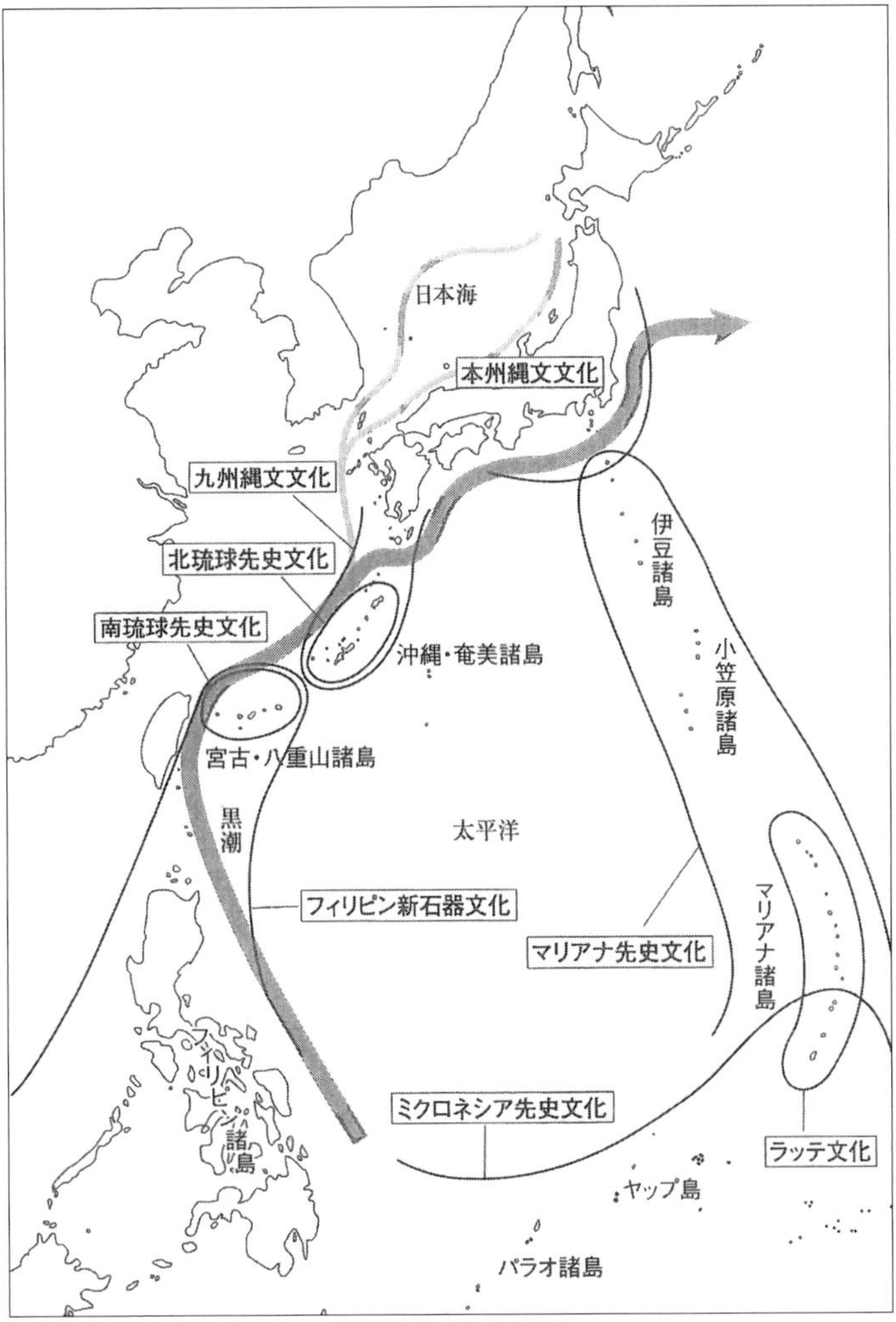


黒潮圏の先史文化の動態
（7千～2千年前／『日本人はるかな旅②』ＮＨＫ出版、より）

の上野原遺跡は、現在知られる最古最大の通年定住集落だが、縄文早期後半（約七〇〇〇年前）の貝文土器が多数発掘されており、居住者は海との親和性がきわめて高かったことを物語る。

約二万年前、地球の温暖化でスンダランドは水没した。以来、古モンゴロイドの拡散が始まり、その一部が沖縄の港川人になったとの説もある。小田静夫氏は「石斧のひろがり　黒潮文化圏」（『日本人はるかな旅②』所収）で、近年の研究成果をおよそ次のように述べている。

列島南端に誕生した早咲きの縄文のクニは、約六三〇〇年前、鹿児島県大隅半島佐多岬の南海上約四〇キロの海底で起こった鬼界カルデラの巨大噴火で絶滅した。この完新世最大規模の火山災害を逃れた海人集団は、陸路を九州中・北部に移動する。一方、集団のなかには、対馬海流を利用して丸木舟で西九州沿岸や日本海方面に移住した人々、黒潮に乗って四国、紀伊半島の太平洋沿岸地域やさらに遠く伊豆諸島にまで到達した人々もいた。八丈島、小笠原諸島に分布する丸ノミ型の円筒石斧は、マリアナ先史文化との関連も指摘されている……。（前頁地図参照）

（四）で、山幸に服した海幸については、『古事記』は「『僕《あ》は今より以後《のち》は、汝命《いましみこと》の昼夜の守護人《まもりびと》と為りて仕へ奉らむ。』とまをしき。故、今に至るまで、其の溺れし時の種種《くさぐさ》の態《わざ》、絶えず仕へ奉るなり」と、『日本書紀』一書《あるふみ》は「是に、兄、弟の神《あや》しき徳有《いま》すことを知りて、遂に其の弟に伏事《したが》ふ。是を以て、火酢芹命《ほのすせりのみこと》の苗裔《のち》、諸の隼人等、今に至るまでに天皇の宮墻《みかき》の傍《もと》を離れずして、代《よよ》に吠《ほ》ゆる狗《いぬ》して奉事《つかへまつ》る者なり。」と述べて、海幸＝ホスセリノミコトが隼人の祖で、後世その隼人が元日、天皇の即位や践祚大嘗祭などの儀式で、吠声《はいせい》（犬の吠え声）を発して宮門を守護したことの起源を説いている。

隼人の祖が即インドネシアの海民であったとすれば話は早く、その蓋然性を否定するものではないが、海流に運ばれて南の島から椰子の実が漂着するほどに、多数の人間がやってきたとは考えにくいから、中国の江南を経由するとか、何代にもわたって気の遠くなるような時間を重ねた末の渡来であったろう。

能登半島と志摩半島を結ぶ線より西側の沿岸域では、南から吹く風はハエないしハイと呼ばれる。沖縄でも南風のことをハエという。このハイは、隼人、ハヤト（ハイト）のハイで、太平洋、東南アジア島嶼部に広く分布するオーストロネシア語の影響下にあったと、言語人類学者の崎山理氏が述べていた（『日本語「形成」論』）。

いずれにしても、インドネシア伝来の古伝が、隼人族のあいだに貯えられていたからこそ、記紀の編者は天皇家の側に都合がよいように、その内容を改変できたので、海幸という名前が示すごとく、本来、海を領していた兄が、山育ちの非力な弟に破れ、その支配権を奪われるばかりか、仕える側に転落するのは、大和の地で諸豪族に擁立されて新たに陸の支配者となった天皇家が、かつての海の支配者を打倒したことを誇っていると読める。とすれば、先史の時代から活躍していた古代海人族の没落の運命は、早くもここに語られていたのである。

山幸の海神宮淹留は、浦島と同じく三年。ただし、浦島が帰還したとき、地上では三百年が経過していたのに、ここでは海神宮と時間の経過に差は認められない。明らかに神仙思想が導入される以前の、それとは別系統の説話である。浦島譚との類似点とともに、こうした相違点にも留意しておきたい。

## 竹と神霊

さて、（二）の無目籠については、籠神社や『竹取物語』と関連するので、より綿密な検討が求められる。『日本書紀』一書の一は、これを大目麁籠《おほまあらこ》、無目堅間《まなしかたま》と表記して、左のように述べる。

老翁（塩土老翁）、即ち嚢《ふくろ》の中の玄櫛《くろくし》を取りて地《つち》に投げしかば、五百箇竹林《いほつたかはら》に化成《な》りぬ。因りて其の竹を取りて、大目麁籠を作りて、火火出見尊《ほほでみのみこと》を籠《こ》の中に内《い》れまつりて、海に投《い》る。一《ある》に云はく、無目堅間を以て浮木《うけき》に為《つく》りて、細縄を以て火火出見尊を繫《ゆ》ひ著《つ》けまつりて沈む。所謂《いはゆる》堅間は、是今の竹の籠なりといふ。

なにゆえ竹を材料に無目籠を作り、そこにホホデミノミコトを容れたかといえば、竹には特別な呪力があって、神霊が宿ると信じられたからだろう。コノハナサクヤヒメが三子を出産したときも、当時すでに金属製の刀が存在していたのに、わざわざ竹の刀で臍の緒を切ったと『日本書紀』第三の一書が記している。ついでに言えば、竹刀で臍の緒を切る風習は、今もインドネシアの島々に残っていて、火中出産も奄美大島その他、南海の島々では近年まで広くおこなわれていたという。

竹の呪力といえば、黄泉の国でイザナミの姿を見るのに、イザナギが櫛に火を点したのも、逃げ帰るときにその櫛を投げ捨てて筍《たけのこ》を生ぜしめ、追走するヨモツシコメの軍団を追い払ったのもそうで、もっと身近な例をあげると、酉《とり》の市やエビス講の縁日で縁起物として売られる熊手もそうだろう。運や福を掻きこむとして、商売繁盛や開運招福にご利益があるとされるが、それが竹製なのは、やはり竹には神霊が宿ると信じられたからにほかなるまい。

折口信夫「髯籠《ヒゲコ》の話」は、竹籠が神聖なことを、別な角度から説いている。

元来空漠散漫たる一面を有する神霊を、一所に集注せしめるのであるから、適当な招代《ヨリシロ》が無くては、神々の憑り給はぬはもとよりである。……我々の眼には単なる目籠でも同じことの様に見えるが、以前は髯籠の髯籠たる編み余しの髯が最重要であつたので、籠は日神を象り、髯は即、後光を意味するものであると思ふ。

このほか、能ではシテが笹竹を持って登場するし、モガリ笛や葬地を囲む四つ竹など、竹と神霊の親和性は、その具体例をいくらでも挙げられる。そして、そのことを見事に物語の中心に据えたのが、『竹取物語』であった。

いまは昔、竹取の翁といふ者有りけり。野山にまじりて竹を取りつつ、よろづのことに使ひけり。名をば、讃岐の造《みやつこ》となむいひける。その竹の中に、本光る竹なむ一筋ありける。あやしがりて、寄りて見るに、筒の中光りたり。それを見れば、三寸ばかりなる人、いとうつくしうて居たり。

あまりに有名な冒頭の一節だが、あのかぐや姫が光を発しながら竹の筒の中から生まれてきたのは、彼女が神霊そのものだったからであろうと納得がゆく。ちなみに、黄泉の国の洞窟から逃げ帰ってこの世に蘇ったイザナギがそうであったように、死の世界から再生するには中空の空間に籠もることが要請されていて、その点でも月の都で罪を犯して地上に追放された彼女が、竹の筒の中に籠もっていたのは筋が通っている（「桃太郎」の桃、「一寸法師」のお椀の舟、瓢箪形の前方後円墳も同じであろう）。

この『竹取物語』は、民間に別系統の異伝がある。一つは、「由縁ある雑歌」を集めた『万葉集』巻十六中の長歌（三七九一）に付された詞書である。

昔、老翁《おきな》ありき。号《な》を竹取の翁と曰《い》ひき。此の翁、季春《やよひ》の月にして、丘に登り遠く望むときに、忽《たちま》ちに羹《あつもの》を煮る九箇《はしら》の女子《をとめ》に値《あ》ひき。百の嬌儛《こびたぐひ》無く、花容止《やむこと》無し。時に、娘子等《をとめら》、老翁を呼び嗤《わら》ひて曰はく、「叔父来りて、此の燭《そく》の火を吹け」といふ。ここに翁、「唯々《をを》」と曰ひて、漸《やや》く趍《おもむ》き徐《やや》く行きて、座の上に着接《まじは》る。良久《ややひさ》にして娘子等、皆共に咲《ゑみ》を含み、相推譲りて曰はく、「阿誰《たれ》か此の翁を呼べる」といふ。爾及《すなはち》竹取の翁、謝《こた》へて曰はく、「慮《おも》はざるに、偶《たまたま》神仙《ひじり》に逢へり。迷惑《まと》へる心敢へて禁《さ》ふる所なし。近づき狎《な》れし罪は、希《ねが》はくは贖《あが》ふに歌をもちてせむ」といふ。

二つは、鎌倉初期の紀行文『海道記』（一二二三）の一節。

昔、採竹翁《たけとりのおきな》といふ者ありけり。女《むすめ》を赫奕姫《かぐやひめ》といふ。翁が宅の竹林に、鶯の卵、女の形にかへりて巣の中にあり。翁、養ひて子とせり。（以下、略）

後者から言うと、ここでは赫奕姫《かぐやひめ》が鶯の卵から孵《かえ》ったとされていることが注目される。すなわち、彼女の本性は鳥だったわけで（鶯としたのは、竹林との親縁性によろう）、ここに白鳥伝説との正統な繋がりを読み取ることができる。しかも、この一節が現れるのは、記録者が駿河の国を旅しているくだりだから、謡曲『羽衣』で名高い三保の松原とは至近距離だし、『竹取物語』の後日談、天皇が家来に命じてかぐや姫からもらった手紙を燃やす富士山とも近い。

『海道記』の文章が『竹取物語』からの連想であったにしろ、この付近にかぐや姫の前身が鳥だったとする民間伝承が残っていたとすれば、その伝承自体は『竹取物語』が書かれるずっと前に発生したことになる。そして、ここで前者について見ると、神仙の化身である九箇《はしら》の女子《をとめ》と戯れるのが竹取の翁で、後者もやはり同じ採竹翁の名を有するのは、有名な『竹取物語』とは無関係に、それとは独立して民間には早くからこの種の異伝がさまざまあったことを思わせるに十分だ。

（つけ加えると、後世のことだが、柳田國男以来この「竹取翁」を、元来は神聖な竹を採取し、竹器を製作する高貴な身分であったのが、のち零落して箕作りや鍛冶師、傀儡《くぐつ》と同様な賤視を受ける身分となるその過渡期の様子が、ここには反映されていると見て、この種の伝承を各地に持ち伝えたのは、集落から集落へと渡り歩く、非定住の職能民たちだったろうというのが、民俗学的見地からは広く支持されている。沖浦和光著『竹の民俗誌』は、そこからさらに踏み込んで被差別の問題をも論じているので、参照されたい。私は、この非定住の職能民に海人族の末裔が混じっていたろうと推定する。）

## 異類婚の悲劇

話を「海幸山幸の海神宮訪問譚」に戻す。後半は、本文を掲げよう。

是《ここ》に、海神の女《むすめ》、豊玉毘売命、自ら参出《まゐで》て白ししく、「妾《あ》は已《すで》に妊身《はら》めるを、今産む時に臨《な》りぬ。此《こ》を念《おも》ふに、天つ神の御子は、海原に生むべからず。故、参出到《まゐりいでき》つ。」とまをしき。爾に即ち其の海辺の波限《なぎさ》に、鵜の羽を葺草《かや》に為《し》て、産殿《うぶや》を造りき。是に其の産殿、未だ葺《ふ》き合へぬに、御腹《みはら》の急《あわただ》しさに忍びず。故、産殿に入り坐《ま》しき。爾に産みまさむとする時に、其の日子《ひこぢ》に白したまひしく、「凡《すべ》て佗国《あだしくに》の人は、産む時に臨れば、本つ国を以ちて産生《う》むなり。故、妾《あれ》今、本の身を以ちて産まむとす。願はくは、妾《あ》をな見たまひそ。」と言《まを》したまひき。是に其の言《こと》を奇《あや》しと思ほして、其の産まむとするを竊伺《かきま》みたまへば、八尋和邇《やひろわに》に化《な》りて、匍匐《は》ひ委蛇《もこよ》ひき。即ち見驚き畏みて、遁《に》げ退《そ》きたまひき。爾に豊玉毘売命、其の伺見《かきまみ》たまひし事を知らして、心恥《うら》づかしと以為《おも》ほして、乃ち其の御子を生み置きて、「妾恒《あれつね》は、海つ道《ち》を通して往来《かよ》はむと欲《おも》ひき。然れども吾が形を伺見《かきまみ》たまひし、是れ甚怍《いとは》づかし。」と白したまひて、即ち海坂《うなさか》を塞《さ》へて返りましき。是を以ちて其の産みましし御子を名づけて、天津《あまつ》日《ひ》高《こ》日《ひ》子《こ》波限《なぎさ》建《たけ》鵜《う》葺草《がや》葺《ふき》不合命《あへずのみこと》と謂ふ。

浦嶋では神女が子を宿した形跡がないのに対して、ここでは海神の娘トヨタマヒメが身重な身体で、夫の山幸を追って海辺に至りつく。以下、出産のシーンとなるが、三つ重要なことが語られている。一つは古代母権制社会にあっては、男が女の家に通い、子は女の家で出産し、育てるのが通例なのに、ここではそれが逆になっている。もっとも、これは後に天皇家の初代となる子供が誕生するわけだから、地上でのこととしなければならず、それで「天つ神の御子は、海原に生むべからず」と、言い訳したのだろう。

ついでに言えば、『古語拾遺』は次のように述べて、記紀にはない伝承を伝えている。

天祖　彦火尊《あまつみおやひこほのみこと》、海神《わたつみ》の女《むすめ》豊玉姫命を娉《ま》ぎたまひて、彦瀲　尊《なぎさ》を生みます。誕育《ひだ》したてまつる日に、海浜《うみへた》に室《みや》を立てたまひき。時に、掃守　連《かにもりのむらじ》が遠祖天　忍人　命《あめのおしひとのみこと》、供《つか》へ奉り陪侍《はべ》り。箒《ははき》を作りて蟹を掃《はら》ふ。仍《よ》りて、鋪設《しきもの》を掌《つかさど》る。遂に職《つかさ》と為す。号《なづ》けて蟹守と曰《い》ふ。

後世、宮中で皇子の養育や掃除・敷物・設営に携わった掃守《かもん》（蟹守の転訛）氏の祖先譚で、箒も竹製である。ここで蟹が登場していることについては、中山太郎『日本民俗学辞典』が、「沖縄では今に此古俗を伝へてゐて、出産の折には蟹二三匹を這はせる。之は早く赤児が蟹の這ふやうに健全に育つて、這ひ廻はれと祝ふ意であると云ふ。按《おもふ》に、蟹は蛇や蝦と同じく脱殻するのを古代人が知り、之に由り生命身体ともに更新するものと信じ、赤児も又斯くの如く心身共に更新して永く生命を保てよとの類似呪術の思想に負うものである」と解説している。

トヨタマヒメの出産に関して重要な二つ目は、浜辺に産殿をこしらえて、「な見たまひそ」と見るなの禁をかけたことである。「願はくは」と言っているから、黄泉国のイザナミほどの強い禁止ではないのがしおらしいが、見られたことを「甚作《いとは》づかし」と感じたのは共通していて、そこに特別な意味があるように思われる。

すなわち、イザナミの場合は、「蛆《うじ》たかりころろき」たその腐乱死体を見られたこと、トヨタマヒメの場合は、「八尋和邇に化《な》りて、匍《は》匐ひ委蛇《もこよ》ひ」ていた出産の姿を見られたことがそれで、なにゆえそれが深い恥の感覚に繋がり、結果として二度とそれ以前に復することができなかったかは、より慎重に考えなくてはならない。

「な見たまひそ」の禁止こそかけていないものの、箸墓伝説として知られる崇神紀の挿話についてはすでに述べた。思えば、わが国の文芸には、菊の花に見惚れてふと気を許したすきに顔が狐に戻っていた姿を見られ、泣く泣く子別れをして信田《しのだ》の森に帰ってゆく『信田妻』や、鶴の姿になって自分の羽を抜き、血みどろになって機織《はたお》りしているところを夫に覗き見られ、大空に帰ってゆく『鶴女房』など、異類婚の悲劇を伝える話はそちこちにあり、現代でも木下順二の戯曲『夕鶴』は、私たちの心を深いところでかき乱す。

「凡《すべ》て陀国《あだしくに》の人は、産む時に臨れば、本《もと》つ国を以ちて産生《う》むなり」とは、言ってみれば、原始の世のトーテミズムに淵源しているのであろう。したがって、その秘儀が暴かれてしまえば、異類婚、神婚はたちまち破綻して、本つ国へと帰らざるを得ない。異界に導かれて至福の時を過ごした浦島も、罪を得てこの世に流離したかぐや姫も、その通りであった。私はここで、オオモノヌシが子蛇の姿をして籠もっていた櫛笥、浦島が神女からもらった玉筐は、かぐや姫が竹の筒に籠もっていたことから類推して、竹製だったのではないかと疑うのである。

　重要なことの三つ目は、産殿をこしらえるのに、鵜の羽を葺草《かや》にしたことだ。それはなぜかと言えば、出産の場は生活の場とは別に設けられなくてはならなかったからである。そして、このときわざわざ鵜の羽でもって産殿を葺《ふ》いたのは、葺き終わらぬほど急な出産で、鵜葺草葺不合命《うがやふきあえずのみこと》と命名したのと語呂合わせをしたことにもよろうが、私はそれを『日本書紀』一書の四が記す、ニニギノミコトが包まれて天降ってきた聖具、真床襲衾《まどこおふすま》（新天皇が大嘗祭で真床襲衾にくるまれるのは、これに因《ちな》む）をイメージしてのことだったろうと推察する。なぜなら、異界の者、天界の者である神が、この世に来たりて生を享《う》けるのにも、その逆にこの世から帰還するのにも、嬰児を保護する胞衣《えな》のような衣が必要で、そうであるなら、それは先述したかぐや姫が生まれた竹筒、天女の羽衣、浦島のもらった玉手箱、そして山幸が容れられた無目籠の船と等しいとみなせる。

　さて、このようにして生まれたウガヤフキアエズノミコトだが、このあと『古事記』は彼が叔母（トヨタマヒメの妹）の玉依毘売《たまよりひめ》（『古事記』では前述のヤマトトトビモモソヒメを、そう称している）とのあいだに儲けたのが、順に五瀬命《いつせのみこと》、稲氷命《いなひのみこと》、御毛沼命《みけぬのみこと》、若御毛沼命《わかみけぬのみこと》で、四番目のワカミケヌノミコトが神倭伊波礼毘古命《かむやまといはれひこのみこと》、すなわち、初代神武天皇であったと記して、『古事記』は上つ巻を閉じる。最後の一行は「故《かれ》、御毛沼命は、波の穂を跳みて常世国に渡り坐《ま》し、稲氷命は、妣の国と為《し》て海原に入り坐しき」で、「故《かれ》」（その故に）が難解だけれど、それを書き落とさなかったのは、一族のあいだで本つ国の記憶と伝承がいまだ薄れてはいないと認識されていたからであろう。

## 隼人《はやと》の服属と神武東遷

天武天皇の命を受けて編纂された『古事記』と『日本書紀』は、天皇家および大和朝廷の正統性を主張する王権神話としての性格が濃厚である。以下その点に関して、もう少し踏み込んで考察しておきたい。

歴史時代に入ると、倭の五王の時代（五世紀）を経て六世紀初頭に大和朝廷が出現するが、それ以前から、日本列島にはさまざまな人々が暮らし、相争っていた。縄文系、弥生系、渡来系。いずれにも、海人族は欠かせなかった。最古の文献である『魏志倭人伝』を読むと、邪馬台国の地が九州か畿内かにかかわらず、その生活や社会はおおよその見当がつく。

本書と関連して面白いのは、伊都《いと》国の副官を泄謨觚、奴国の官を兕馬觚というと記述されていることで、後者をシマコと読めば、浦嶋子の嶋子と同じだから、彼は無名の一漁師ではなくて、奴《な》国で一、二を争う有力者だったとする解釈も不可能ではなく、もしそうであるなら、日下氏が浦嶋子を祖として崇めたわけは、いっそう頷けよう。また、狗奴国《くなこく》の男子について「大小となく皆鯨面文身す」と報告し、「今倭の水人、好んで沈没して魚蛤を捕え、文身しまた以て大魚・水禽を厭《はら》う」とも付記しているのは、熊襲《くまそ》・隼人の習俗と、彼らをも含めた北部九州の海人族一般の生態を活写していると読むことができる。

したがって、記紀が天孫降臨の地を北部九州でも大和でもなくて、筑紫の日向の高千穂の久士布流《くしふる》多気《たけ》にしたのは、「此地は韓国に向ひ」というのと地理的には矛盾するが、成立当初もそれ以後も大和王権が隼人の征服に手を焼いていたことを考えれば、作者が苦心惨憺して、その舞台を敢えて南九州に設定した事情は納得がゆく。(黄泉の国からイザナギが生還して、死のケガレを祓った禊ぎの地も、筑紫の日向の檍原《あはきはら》とあり、筑紫なのか日向なのか、わざと曖昧にしてあるが、素直に文脈をたどるなら、日向とみる方が自然で、「韓国に向ひ」の「韓国」は霧島連峰の韓国岳を指すと解釈できる。)

すなわち、天孫ホノニニギノミコトが娶ったコノハナサクヤヒメは父をオオヤマツミとし、別名がカムアタツヒメだから、薩摩国阿多地方の山間部に住む隼人の首領の娘と結婚することで、天孫はそれまで力の及ばなかった地域に進出し、やがてその子の山幸(天皇家の直系の祖)が海幸(隼人系)を屈服させたと書くことで、おもてむきは隼人の服属を既成事実としたかったのであろう。実際は、隼人勢による大規模な反乱は、奈良時代に入ってもおさまらず、万葉歌人として有名な大伴旅人は、鎮圧のため大軍を率いて大宰府から遠征しなければならなかったほどなのに。

大和朝廷から、熊襲・隼人、あるいは、土蜘蛛・国栖《くず》・佐伯・蝦夷と蔑称され、異族視された彼らは、海・山・川を主な生活の舞台とし、天皇家を頂点とする大和朝廷に最後まで頑強に抵抗した、屈強の列島先住民であった。けれども、海幸・山幸神話はそもそも天孫が第一に誼《よしみ》を通じたのが隼人だと語り、天皇家とは血族であることを隠していないのだから、これは大いなる矛盾である。とはいえ、列島を支配下に置くためには、どうしても彼らの協力が必要で、そのためにも、この大いなる矛盾を矛盾と感じさせない手続きの必要上考案されたのが、海幸・山幸の「佐知」(神霊)の交換というトリックだったのではあるまいか。

つまり、本来なら浦嶋同様、海幸こそトヨタマヒメと結ばれてしかるべきだったのだ。けれども、大和朝廷からすると、それでは具合が悪いし、隼人の側にしても、生き残るためには妥協しなければならなかった。そのかんのややこしい経緯は、次に掲げる「肥前国風土記」の一節からも、察せられる。

値嘉《ちか》の郷《さと》。昔者《むかし》、同じき天皇《すめらみこと》（応神天皇）、巡り幸《いでま》しし時、志式嶋の行宮《かりみや》に在《いま》して、西の海を御覧《みそなは》すに、海の中に嶋あり、烟気《けぶり》多《さは》に覆へりき。陪従《おもとびと》、阿曇連百足《あづみむらじももたり》に勒《おほ》せて察《み》しめたまひき。爰《ここ》に、八十余りあり。就中《そのなか》の二つの嶋には、嶋別《ごと》に人あり。第一《はじめ》の嶋は名を小近、土蜘蛛大耳居《す》み、第二《つぎ》の嶋は名は大近、土蜘蛛垂耳《たりみみ》居めり。自余《そのほか》の嶋は、竝《ならび》に人あらざりき。ここに、百足、大耳等を獲《と》りて奏聞《かへりごとまを》しき。天皇、勅《みことのり》して、誅《つみな》ひ殺さしめむとしたまひき。時に、大耳等、叩頭《のみ》て陳聞《まを》ししく、「大耳等が罪は、実《まこと》に極刑に当れり。萬《よろづ》たび戮殺《ころ》さるとも、罪を塞《ふさ》ぐに足らじ。若《も》し、恩情を降したまひて、再生《またい》くることを得ば、御贄《みにへ》を造り奉《まつ》りて、恒に御膳《みけ》に貢《たてまつ》らむ」とまおして、即《やが》て、木の皮を取りて、長鮑《あはび》・鞭鮑《むち》・短鮑《みじか》・陰鮑《かげ》・羽割鮑等の様《ためし》を作りて、御所《みもと》に献《たてまつ》りき。ここに、天皇、恩を垂れて赦したまひき。（中略）遣唐の使は、此の停《とまり》より発《た》ちて、美彌良久《みみらく》の埼に到り、此《ここ》より発船《ふなだち》して、西を指して度《わた》る。此の嶋の白水郎《あま》は、容貌《かたち》、隼人に似て、恒《つね》に騎射を好み、其の言語《ことば》は俗人《くにひと》に異なり。

すでに応神天皇の時代（五世紀）に入っているが、北部九州の博多湾に面した志賀嶋《しかのしま》（「漢委奴國王」の金印が出土）を本拠とする海人族の雄、阿曇《あずみ》（安雲）氏は、いち早く大和朝廷側に服属していたようである。ここで土蜘蛛とか白水郎と呼ばれているのが、同じ海人族でも隼人系で、ために阿曇氏によって討たれ、天皇家に服属することになったと書かれている。

ちなみに、同じ応神紀三年十一月条は「処処《ところどころ》の海人《あま》、訕哤《さばめ》きて命《みこと》に従はず。則ち阿曇連の祖大浜宿禰を遣《つかは》して、其の訕哤《さばめき》を平ぐ。因《よ》りて海人の宰《みこともち》とす」とあって、訕哤《さばめき》はわけの分からぬ言葉を喋るの意だから、このとき阿曇氏に従ったのは「言語は俗人に異なる」白水郎や隼人が主であったろう。

また、翌々年の五年秋八月には、「諸国に令して、海人及び山守部を定む」と記され、それは応神記の「此の御世に、海部、山部、山守部、伊勢部を定め賜ひき」と符合するので、この頃、海部と山部にわけて両者を別々に統治する体制が確立したと思える。

この阿曇（安曇）氏は、イザナギが檍原《あはきはら》でミソギをしたときに生まれたワタツミ三神を祖神とする。早く海部の長として各地に殖民し、航海にも長じていたところから、朝鮮半島や中国大陸との交易にも活躍して、擡頭してきた。同じ海人族の宗像《むなかた》氏は、タギリヒメ・イチキシマヒメ・タヅツ姫の三神を祖神に、住吉氏はツツノヲ三神を祖神として、その支配海域は微妙に異なるが、同系の分かれ。この阿曇氏、宗像氏については、後段でさらに詳しく述べる。

日向から宇佐、筑紫、安芸、吉備と、大和に向かって神武天皇が東遷したのは、「東《ひがしのかた》に美《よ》き地《くに》有り。青山四周《よもにめぐ》れり」という塩土老翁の言葉にしたがったのだし、速吸門《はやすいのと》で水先案内をした国つ神（のちの倭の国造の祖。『古事記』では槁根津彦《さおねつひこ》、『日本書紀』では椎根津彦《しいねつひこ》）が、「亀の甲に乗《せ》りて、釣《つり》為乍《しつつ》打ち羽挙《はぶ》き来」たのは、浦嶋の姿と瓜二つである。おまけに、瀬戸内海を航行後に上陸したところは、前にも触れた日下《くさか》の蓼津《たてつ》であったのは、そこが浦嶋子を祖と仰ぐ日下部首の本貫地であるだけに、これら一連のつながりは偶然と思えない。

古代史家の黛弘道氏は、この神武東征の道筋には、海路のみでなく、熊野から内陸部を大和へ進軍する陸路にも、異常なほどの密度で海人族の足跡を示す地名（和田、明石、垂水、幡多等）が遺されていることから、それがいかに海人族と深くかかわっていたかに注意を促したが、私も同感である。

また、谷川健一氏が著した『白鳥伝説』は、この日下を「ヒノモト」と読み、そこが元来、物部氏の祖ニギハヤヒが天皇家に先立って北九州から遷って占拠していた土地だったと指摘し、あとから入植した大和朝廷側に奪われ、追われるまま物部氏が東遷するにつれて、「ヒノモト」国も東遷した結果（奥州の日高見国もそのようにして成立した）、各地に残る白鳥地名は、その移動の跡、つまり、天孫民族の後裔対先住民族＝蝦夷の争闘の歴史の跡であるとする、画期的な歴史ノンフィクションであった。

同著との比較で言うなら、私が本書の前半で試みるのは、もう一つの白鳥伝説、つまり、浦島から竹取へ、さらには『伊勢物語』へも流れ入る、変幻する羽衣説話を通して奏でる、天皇家対海人族の争闘と懐柔の歴史の跡である。

## ホアカリノミコトの系譜

ところで、一口に海人族といっても、多種多様だ。試みに、『新撰姓氏録』（八一五）から拾ってみると、左の通り。

1 宗形《むなかたの》朝臣　大神《おほみわの》朝臣と同祖。吾田《あた》片隅命の後《すゑ》なり。
2 安曇宿禰　海神《わたのかみ》綿積豊玉彦神の子、穂高見命の後なり。
3 海《あまの》犬養　海神綿積命の後なり。
4 凡海《おほしあまの》連　同神の男、穂高見命の後なり。
5 青海首《あをみのおびと》　椎根津彦命の後なり。
6 八木造《やぎのみやつこ》　和多羅豊命の児《こ》、布留《ふる》多摩乃命の後なり。
7 倭太　神知津《かむしりつ》彦《ひこ》（椎根津彦命と同じ）の後なり。　（以上、右京神別下、地祇）
8 大和宿禰　神知津彦命より出ず。　（大和国神別、地祇）
9 大和連　神知津彦命の十一世孫、御物足尼《みもののすくね》の後なり。
10 凡海《おほしのあまの》連　安曇宿禰と同祖。綿積命の六世孫、小栲梨《をたくなしの》命の後なり。

11　阿曇犬養連　海神大和多羅命《わたのかみおほわだつみの》の三世孫、穂己都久命《ほこつくの》の後なり。
12　物忌直《ものいみのあたえ》　椎根津彦命の九世孫、矢代宿禰の後なり。
（以上、摂津国神別、地祇）
13　宗形君　大国主命の六世孫、吾田片隅命の後なり。
14　安曇連　綿積神命の児、穂高見の命の後なり。
15　等弥直　椎根津彦命の後なり。
（以上、河内国神別、地祇）

すなわち、大きくは宗形（宗像）系、安曇（阿雲）系、大和系の三氏族から形成されており、各地に残る海人地名（宗形、安曇、青海、和田＝倭太など）から、彼らが日本列島の各地に広く足跡を残していたことが確認できる。

なかでもよく知られているのが安曇地名で、滋賀県の安曇《あど》川、渥美半島の渥美、長野県の安曇野と、その跡を追ってゆくと、彼らが故地である福岡県の志賀島を出発して、瀬戸内海や日本海を東漸、沿岸部から川を遡上して、内陸奥地の山間部にまでも入りこんでゆく道筋が、髣髴としてくる。長野県南安曇郡穂高町に鎮座する穂高神社の祭神が穂高見命で、いまも御船祭で船檀尻（山車）が巡行するのは、むろんその結果である（後述参照）。皇別、神別（天神・天孫・地祇）、諸蕃と大別する『新撰姓氏録』が、この海人族を神別地祇に分類しているのは、元来が国津神の系統とみなされていたからだろう。

次に、ホアカリノミコトを祖とする氏族を、同じ『新撰姓氏録』に探してみた。重複して出てくる氏族がかなりあって、ずいぶんたくさんになってしまうが、この種の追跡では一つ残らず拾い出すことに意義があるので、お許しを願う。

1　尾張宿禰　廿世孫、阿曾禰連の後なり。
2　尾張連　尾張宿禰と同祖。火明命の男、天賀吾山命《あめのかごやま》の後なり。

3 伊福部宿禰　尾張連と同祖。火明命の後なり。
4 湯母竹田連　火明命の五世孫、建刀米《たけとめ》命の後なり。男《こ》、武田折命、景行天皇の御世に、殖むことを擬て田を賜ひしが、夜宿の間に、菌《くさびら》、其の田に生ひぬ。天皇、聞食して、姓を菌田連と賜ひき。後に改めて湯母竹田連と為す。
5 竹田川辺連　同命の五世後なり。仁徳天皇の御世に、大和国十市郡刑坂川の辺に竹田神社有り。因りて氏神と為て、同居に住めり。緑竹大きく美しかりければ、御箸の竹に供えりき、茲《ここ》に因りて竹田川辺連を賜ひき。
6 石作連　火明命の六世孫、建真利根命の後なり。垂仁天皇の御世に、皇后日葉酢媛《ひばすひめ》命の奉為に、石棺を作りて之を献りき。仍《よ》りて姓を石作《いしつくり》大連公と賜ふなり。
7 檜前《ひのくま》舎人連　火明命の十四世孫、波利那及連公の後なり。
8 榎室連　火明命の十七世孫、呉足尼の後なり。山猪子連等、上宮豊聡耳皇太子の御杖代《みつえしろ》に仕へ奉りき。爾時に、太子、山代国に巡行せり。時に、古麻呂が家、山城国久世郡水主村に在り。其の門に大榎樹有りければ、太子曰はく、是の樹は室の如せり。大雨も漏らじとのたまふ。仍りて榎室連を賜ひき。
9 丹比須布　火明命の三世孫、天忍男命の後なり。
10 但馬海直　火明命の後なり。
11 大炊刑部造　火明命の四世孫、阿麻刀禰命の後なり。
12 坂合部宿禰　火明命の八世孫、禰倍足尼《にへのすくね》の後なり。　（以上、左京神別下、天孫）
13 丹比宿禰　火明命の三世孫、天忍男命《あめのおしをみのみこと》の後なり。男《こ》、武額赤命《たけぬかかのみこと》の七世孫、御殿《みとのの》宿禰の男、色《しこ》鳴《め》、大鷦鷯《おほさざきの》天皇の御世《みよ》に、皇子瑞歯別尊《みづはわけのみこと》、淡路宮に誕生《あ》れましし時に、淡路の瑞井《みづい》の水を御湯に灌《そそ》ぎ奉りき。時に虎杖《いたどり》の花飛《ち》りて、御湯の瓮《ほとき》の中に入りき。色鳴宿禰、天神寿詞《あめのかみのよごと》を称へ、号《みな》を奉りて多治比瑞歯別命と曰す。乃《すなは》ち丹治部を諸国《くにぐに》に定めて、皇子《みこ》の湯沐邑《ゆのむら》と為《し》たまふ。即ち色鳴を以て宰《みこともち》と為て、丹比部の戸《へ》を領《し》らしめたまひき。因《よ》りて丹比連と号《なづ》けて、遂に氏姓と為《な》れり。其の後、庚午の年、新家《にひや》を作るに依りて、新家の二字を加へて、丹比新家連と為《し》き。

尾張連　火明命の五世孫、武礪目《たけとめ》命の後なり。

伊与部　同上。

六人部《むとり》　同上。

子部　火明命の五世孫、建刀米《たけとめ》命の後なり。

大炊刑部造《おほひのおさかべのみやつこ》　同神の三世孫、天礪目《あまとめ》命の後なり。

朝来直《あさこのあたへ》　同上。

若倭部《わかやまとべ》　同神の四世孫、建額明《たけぬかか》命の後なり。

川上首《おびと》　火明命の後なり。

坂合部宿禰　火闌降《ほのすそりの》命の八世孫、邇倍足尼《にへのすくね》の後なり。

阿《あ》多御《たのみ》手《ての》犬養　同神の六世孫、薩摩若相良《さがら》の後なり。

（以上、右京神別下、天孫）

尾張連　火明命の子、天香山命の後なり。

六人部連　火明命の後なり。

伊福部　同上。

石作《いしつくり》　同上。

水主直《みぬしのあたへ》　同上。

三富部《みとべ》　同上。

30 阿多隼人　富及須佐利及《ほのすさりの》命の後なり。　（以上、山城国神別、天孫）
31 尾張連　火明命の子、天香山命の後なり。
32 伊福部《いほきべの》宿禰　同上。
33 伊福部連　伊福部宿禰と同祖。
34 蝮壬部首《たぢひのみぶのおびと》　火明命の孫、天五百原《あめのいほはらの》命の後なり。
35 工造《たくみのみやつこ》　同祖。十余孫、大美和都禰《つね》及命の後なり。
36 二見首　富須洗利《ほのすせりの》命の後なり。
37 大角隼人　火闌降《ほのすそりの》命自《よ》り出ず。　（以上、大和国神別、天孫）
38 津守宿禰　尾張宿禰と同祖。火明命の八世孫、大御日足尼《おほみひのすくね》の後なり。
39 六人部《むとべの》連　同神の五世孫、建刀米命の後なり。
40 石作《いしつくりの》連　同神の五世孫、武椀根《たけまりねの》命の後なり。
41 蝮部《たぢひべ》　同神の十一世孫、蝮王部犬手の後なり。
42 刑部首《おさかべのおびと》　同神の十七世孫、屋主宿禰の後なり。
43 津守　火明命の後なり。
44 日下部　阿多御手《あたみての》犬養同祖。火闌降《ほのすそりの》命の後なり。　（以上、摂津国神別、天孫）
45 襷多治比宿禰　火明命十一世孫、殿諸足尼命の後なり。男兄男庶。其の心女の如し。故、襷を賜ひ、御膳部と為す。次弟男庶。其の心勇健。其の力十千軍衆を制するに足る。故、靭を賜ひ、四十千健彦を号す。因りて姓靫負を負ふ。
46 丹比連　火明命の後なり。
47 若犬養宿禰　同神の十六世孫、尻綱根命の後なり。

48　笛吹　火明命の後なり。
49　吹田連　火明命の児、天香山命の後なり。
50　身人部《むとべの》連　火明命の後なり。
51　尾張連　火明命の十四世孫、小豊命の後なり
52　五百木部《いほきべの》連　火明命の後なり。
（以上、河内国神別、天孫）
53　若犬養宿禰　火明命の十五世孫、古利命の後なり。
54　丹比連　同神の男、天香山の後なり。
55　石造連　同上。
56　津守連　同上。
57　網《よさみの》津守連　同上。
58　椋《くらの》　連　同上。
59　綺《かにの》　連　津守連と同祖。天香山命の後なり。
（以上、和泉国神別、天孫）

宗形氏、安曇氏ら、前掲の海人族が神別地祇に分類されていたのに対して、ホアカリノミコトを祖とするこれらの一族が神別天孫に分類されているのは、記紀天孫降臨の条を踏まえて、天皇家の血筋に連なることを誇示した結果だろう。

『古事記』序はすでに「諸家の賷《もた》る帝紀及び本辞、既に正実に違ひ、多く虚偽を加ふ」と指摘していたが、『新撰姓氏録』が編まれた平安前期のこの時代は、いよいよその弊害が顕著であったから、その多くは我田引水を免れまい。詳しくは後段でも改めて検討するが、あくまでも伝承上の事実としたうえで、さしあたってここで注意しておきたいことを列記すれば、以下のごとくである。

一　ホスソリノミコトの血を引く阿多隼人・大角隼人の後、宗形氏と、綿積命・穂高見命・椎根津

彦命の後、安曇・海犬養・凡海《おほしあま》・青海氏らは、天孫ではなくて地祇に区分されている。つまり、国津神＝先住の土着海人神系である。かれらは、出雲族の後の大神朝臣と同じく、天皇家に服従したのち、臣下に取り立てられた。

二　尾張連、津守連は、天皇家直属のもっとも有力な海人族。

三　その尾張氏はホアカリノミコトの子、天香山命の後とされるが、同神は大和三山の一つ天香山に祀られている。これは、本書のテーマの一つ、海と天の信仰に直結する挿話なので、後段で詳述したい。

四　先述した伊与部連馬養が属する伊与部氏も、ホアカリノミコト系の海人族。

五　阿多犬養同祖の日下部、竹と縁のある竹田連、竹田川連、さらには石造連、伊福部、丹比（蝮）連なども、本稿の主題と深い関わりがある。

『新撰姓氏録』は、主に畿内についてのものだから、これを畿外、さらには日本列島の全土に拡大して調べるとなると、膨大なことになり、手に負えそうにない。そこで、角度を変えて「浦島太郎」とその変型である「竜宮童子」、および羽衣伝説の変型である「天人女房」の伝承が分布する地域を、『日本昔話大成』で調べてみた。

「浦島太郎」説話の採集地――沖縄県具志川市、鹿児島県大島郡沖永良部島、熊本県鹿本郡、長崎県長崎・壱岐、佐賀県東松浦郡・唐津市、福岡県豊前、高知県須崎、香川県仲多度郡佐柳島・高松、島根県大原郡・大田、鳥取県東伯郡、奈良県吉野郡、兵庫県奥但馬、京都府京大和、岐阜県某地、福井県坂井郡・遠敷《おにゅう》郡、石川県珠洲《すず》市、富山県射水《いみず》郡、新潟県見附市・栃尾市、神奈川県神奈川、千葉県富津・長柄、栃木県粕尾、福島県南会津郡、山形県小国町・飯豊山麓、秋田県仙北郡、岩手県遠野市、青森県三戸郡・八戸。

「竜宮童子」説話の採集地――沖縄県宜野湾市・石垣市、鹿児島県薩摩郡下甑島・上甑島、大島郡喜界島・沖永良部島・奄美大島、宮崎県某地、熊本県玉名郡、長崎県壱岐郡・南高来郡・諫早市、高知県高岡郡、愛媛県某地、香川県丸亀市・仲多度郡志々島、徳島県三好郡、浅川東・東祖谷《いや》、広島県佐伯郡・庄原市・広島市、岡山県川上郡、島根県仁多郡、鳥取県大山北麓・国府・上原嫗、愛知県額田郡、石川県鳳至郡、新潟県見附市・長岡市・三島郡・栃尾・五泉・佐渡国仲・北蒲原、福島県双葉郡・南会津郡・田村郡、山形県西置賜郡・最上郡、宮城県伊具郡・登米郡、岩手県紫波郡・二戸市、青森県八戸市付近。

「天人女房」説話の採集地――沖縄県某地・島尻郡、鹿児島県薩摩郡下甑島・大島郡喜界島、同奄美大島・同沖永良部島・与論島・鹿児島市、大分県宇佐郡、熊本県阿蘇郡・飽託《ほうたく》郡・天草郡、長崎県南高来郡、福岡県某地、高知県幡多郡・高岡郡、香川県丸亀市・仲多度郡・三豊郡志々島、徳島県三好郡・美馬郡、山口県大島郡、広島県比婆郡・双三郡・佐伯郡・豊田郡、岡山県後月郡、島根県邑智郡・八東郡、鳥取県東伯郡・西伯郡、京都府綾部市、滋賀県京大和、三重県志摩郡、愛知県宝飯郡・新城市、静岡県安倍郡、岐阜県吉城郡、長野県上伊那郡・小県郡、山梨県富士山麓、富山県西礪波《となみ》郡、新潟県北魚沼郡・長岡市・佐渡郡、埼玉県川越市・所沢市、福島県平市・南会津郡・相馬郡、山形県米沢市・最上郡・飽海《あくみ》郡、秋田県平鹿郡、宮城県本吉郡、岩手県紫波郡・北上市・遠野市、青森県八戸市・南津軽郡。

これで見ると、両説話の分布地域はいずれも海辺か、内陸部であれば古代の木造船が航行可能な大河の流域に集中している（両説話が重複して採集される地が少なからずあるのも、興味深い）。ということは、それぞれが昔話に変型される以前の原話を各地に持ち伝えたのは、やはり当地を開拓した海人族およびその末裔であったろうと推定されてくるのである。

# 第3章　浦島・竹取変幻

## かぐや姫昇天

『竹取物語』の主人公かぐや姫は、もともと月世界に住む変化《へんげ》の者であった。ところが、何かしら罪を犯して（道ならぬ恋か？）地上に流された。彼女を竹林で見つけて育てたのは、奈具社の羽衣説話がそうであったように、貧しい老夫婦であった。かぐや姫も貧しい家を富ますが、最後は月に昇り、そのとき天人から羽衣を着せられる。すなわち、この『竹取物語』も羽衣説話の変型で、白鳥の登場しない白鳥伝説なのだ。

誰もが知るように、『竹取物語』は一、かぐや姫の生い立ち、二、妻問い、三、五つの難題〔仏の石の鉢（石作《いしつくり》の皇子《みこ》）、蓬萊の珠の枝（庫持《くらもち》の皇子）、火鼠の皮衣（阿部御主人《みうし》）、龍の頸の珠（大伴御行《みゆき》）、燕の子安貝（石上麻呂足《まろたり》）〕、四、御狩《みかり》の行幸《みゆき》、五、天の羽衣、六、富士の煙、の六章から成る。それぞれ、異常出生（小さ子）説話、致富説話、求婚説話、難題婿説話、羽衣説話、地名説話と、既存の説話のパターンを組み合わせて構成され、登場する五人の皇子は、実在した歴史上の人物がモデルである。

分量的には、三がいちばん長くて、柳田國男をして、作者がもっとも腕を揮った部分と言わしめた

（「竹取翁考」）のであったが、一九六一年に上海で出版された『金玉鳳凰』というチベット民話集の中の一篇「斑竹姑娘《パヌチウクーニヤン》」が、おのおのの難題の内容といい、失敗にいたる経緯といい、寸分違わず、その難題を与えた娘が竹の筒の中から生まれ、見る見る生長したという発端まで同一だったことから、専門家のあいだで喧々囂々《けんけんがくがく》の議論を呼んだ。

『源氏物語』絵合せの巻で紫式部が、「物語の出で来はじめの祖《おや》」とまで絶讃したこの書物が、国外の盗作であろうはずがないと考える研究者のなかには、先の大戦で中国奥地に進出した日本軍人が、現地に『竹取物語』を伝え、それを換骨奪胎したのが「斑竹姑娘」であろうと強弁する論者まで現れたのである。

けれども、竹中生誕譚や難題婿説話は、中国や東南アジアに珍しくないし、いかに空想上の作とはいえ、「仏の鉢」「蓬萊の珠」「火鼠の皮衣」「龍の頸」「燕の子安貝」は、むしろ南の国にふさわしいことを思えば、たとえそれが外国ネタであったにしろ、驚くにはあたらない。柳田國男の見立ては完全にはずれ、『竹取物語』の作者の手柄は、むしろかぐや姫の月帰還の日が近づいてから、昇天するまでのくだりにあった。

帝（文武天皇に擬せられている）がかぐや姫の袖を捕らえて、外へ連れ出そうとするのに、「きと影になって」抵抗したほどの彼女は、八月十五日が近づいた満月の夜、人目もかまわずに泣きくずれて、次のように言う。

おのが身は、この国の人にもあらず、月の都の人なり。それをなむ、昔の契りありけるによりてなむ、この世界にはまうで来たりける。今は帰るべきになりにければ、この月の十五日に、かの故《もと》の国より、迎へに人々まうで来《こ》むず。

それを伝え聞いて、帝は軍勢を賜い、築地《ついじ》の上に千人、屋根の上に千人と、防備を固めるものの、果たしてその日が来ると、夜中の十二時近く、望月《もちづき》を十倍したくらいの明るさになって、居並ぶ人々の毛穴さえ見えるなかを、大空から雲に乗って大勢の天人が降りてきて告げる。

かぐや姫は、罪をつくり給へりければ、かく賤しきおのれがもとに、しばしおはしつるなり。罪の限り果てぬれば、かく迎ふるを……

かぐや姫が天上でいかなる罪を犯したかは、書かれていない。けれども、穢き地上に流されたのであってみれば、昔男（在原業平）の東下りや光源氏の須磨流離におけるのと同様な前科があったのだろう。

もはやこれまでと覚悟したかぐや姫は、それを着ると「心異《こと》になる」という天の羽衣を着せかけられる前に、翁夫妻と帝に手紙を書き置く。天人が羽衣を取り出したのは、持参した箱の中からで、もう一つの箱には不老不死の薬が入っていた。このあたり、浦島太郎の玉手箱とよく似たシチュエーションである。

かくあまたの人を賜ひて、止《とど》めさせ給へど、許さぬ迎へまうで来て、取り率《ゐ》てまかりぬれば、口惜しく悲しきこと。宮仕へつかうまつらずなりぬるも、かくわづらはしき身にて侍れば。心得ず思《おぼ》しめされつらめども、心強く、承らずなりしこと。なめげなるもの（無礼な奴）に思しめしとどめられぬるなむ、心にとまり侍りぬる。とて、

今はとて天の羽衣着るをりぞ
　君をあはれと思ひいでける
とて、壺の薬そへて、頭中将呼び寄せて、奉らす。中将に、天人取りて伝ふ。中将取りつれば、ふと天の羽衣うち着せたてまつれば、翁を「いとほし、かなし」と思しつることも失せぬ。この衣《きぬ》着つる人は、もの思ひなくなりにければ、車に乗りて、百人ばかり天人具して、昇りぬ。

以上が物語のクライマックス。後日譚の「富士の煙」は、全文を引く。


その後《のち》、翁・嫗、血の涙を流して惑へどかひなし。あの書き置きし文を読み聞かせけれど、「なにせむにか、命もをしからむ。誰がためにか。何事も、用なし」

とて、薬も食はず、やがて起きもあがらで、病み臥せり。

中将、人々引き具して帰り参りて、かぐや姫をえ戦ひ止めずなりぬること、細々《こまごま》と奏す。薬の壺に御文そへて参らす。披《ひろ》げて御覧じて、いといたくあはれがらせ給ひて、ものもきこしめさず、御遊びなどもなかりけり。

大臣・上達部《かんだちめ》を召して、

「いづれの山か天に近き」

と問はせ給ふに、ある人奏す、

「駿河の国にある山なむ、この都も近く、天も近く侍る」

と奏す。これを聞かせ給ひて、
　逢ことも涙にうかぶ我身には

死なぬくすりも何にかはせむ

かの奉る不死の薬、御文、壺具して、御使に賜はす。勅使には、調石笠《つきのいはかさ》といふ人を召して、駿河の国にあんなる山の頂《いただき》に持て着くべきよし、仰せ給ふ。嶺にてすべきやう教へさせ給ふ。御文、不死の薬の壺ならべて、火をつけて燃やすべきよし、仰せ給ふ。そのよし承りて、士《つはもの》どもあまた具して、山へ登りけるよりなむ、その山を「富士の山」とは名づけける。

その煙、いまだ雲の中へ立ち上るとぞ、言ひ伝へたる。

かぐや姫昇天（講談社の新・絵本『かぐや姫』より）

かぐや姫の昇天後、翁夫婦は生き甲斐を失って、そのまま病の床に伏した。事の次第をこまごま聞き取った帝は、姫から受け取った不死の薬の壺に自身の歌を添えて、天にいちばん近い山の頂で焼かせた。もはやかぐや姫に会うこと叶わぬとあっては、不死の薬など、必要ないのである。それで、この山のことを富士の山というわけは、あまたの士（富士）が登ったからだと、「不死」に重ねてさらに駄洒落を飛ばしたのは、他の章のラストで、「呼ばひ」を「夜這ひ」に、「鉢を捨つ」を「恥を捨つ」に、「珠悪《たまさが》る」を「魂離《たまさか》なる」に、「婚《あ》ひ給はず」を「敢へ無し」に、「あな食べ難《がた》」を「あな堪へ難」に掛けたのと同じ手口。同音異義語に富む日本語の特性が、いかんなく発揮されている。

ただし、こうした駄洒落に気をとられていると、肝心の点を見落としてしまう。それは、いまやかぐや姫の住む天へ届けとばかりに、悲嘆に暮れる帝の思いが、噴煙となって立ち昇っているという最後の一行である。

つまり、繰り返すが、天人から渡された羽衣と不死の薬の壺は、ともに天から運ばれてきた箱の中に入っていた。ということは、ここでもやはり、それは浦島における玉手箱と同じ役割を果たしていたのである。

## 異界との通路

浦島太郎とかぐや姫、このあまりによく知られた二つの昔話の際立った共通点は、どちらの主人公も異界に淹留し、最後は本来の場所に還って行ったことだが、その異界のベクトルは前者が常世の国↓この世、後者が地上↓天上（月の都）と、真逆なのも面白い。

浦島が滞在した常世の国も、かぐや姫が帰還した月の都も、この世とは異なる別世界であった。かかる別世界からの帰還者を描いた海外の著名な作品に、ギリシア神話のオルフェウスと、森鷗外が「新浦島」と題して翻訳紹介した『リップ・ヴァン・ウィンクル』がある。

アポロンの子オルフェウスは、竪琴の名手。蛇に嚙まれて死んだ愛妻エウリュディケーを追って黄泉国に赴いた彼は、二人が地上に帰りつくまで妻を振り返ってはならないとの条件付きで、彼女を連れ出す。小暗い道をたどり、もう一歩で地上に出るところまで来て、エウリュディケーがついてきているかどうか確かめようと、つい振り返ったところが、たちまち妻は元の黄泉国に吸い込まれるようにして消えてしまった……。

十九世紀アメリカの小説家ワシントン・アーヴィングが著した短篇集『スケッチ・ブック』中の一篇『リップ・ヴァン・ウィンクル』は、ドイツの民話を換骨奪胎している。口喧《やかま》しい妻から逃れて木《き》樵《こ》りのリップが森へ猟に出かけると、見知らぬ老人が彼の名を呼んだ。ついて行くと、山の奥の広場に着き、そこでは不思議な男たちが玉転がしに興じていた。彼らに交じって愉快に酒盛りをするうち、いつしか眠りこんで、目が覚めると町の様子はすっかり変っており、妻は死去し、アメリカは独立していた……。

唐の詩人陶淵明の『桃花源記　ならびに序』も、忘れてならないだろう。たまたま隠れ里の桃源郷に迷い込み、そこから帰還した漁師が語る異郷訪問譚で、隠れ里の住人はとうの昔に滅んだ秦の遺臣たちだった……。

一方、わが国では、『浦島太郎』や『竹取物語』のほかに、異界への訪問譚・異界からの帰還譚としては、『ねずみの浄土』(『おむすびころりん』)や『舌切り雀』『こぶ取り爺さん』などがポピュラーだ。

それでは、わが国古代の人々は、その異界なるものをどのようにイメージしていただろうか。これも既知のことだが、ここで改《いま》めて整理しておこう。『古事記』上つ巻は、人間の生活する地上を葦原の中つ国と呼び、神々の坐《かたす》す天上は高天原、その他の異郷・異界を、黄泉《よみ》国、夜の食《お》す国、海原、根の国、根の堅洲《とこよ》国、常世の国というふうに呼び分けて、それら天界・異界での出来事を以下のように語る。

(一)神世七代——天地初発のときに高天原にアメノミナカヌシ、タカミムスヒ、カミムスヒの三神が化成、ついで中空にはウマシアシカビヒコジ、アメノトコタチの二神が、地上にはクニノトコタチ以下イザナギ・イザナミまで、神代七世計十二神が化成する。

(二)二神の国生み——イザナギ・イザナミの男女二神は、天上の神から「このただよへる国を修理《おさ》め固め成せ」と委ねられ、天の沼矛《ぬぼこ》を賜り、天の浮橋に立って、その矛で海水を攪拌し、矛先からしたたる潮で出来たオノゴロ島に天降って結婚する。このとき女神が先に発言したので、不具のヒルコが生まれ、葦船に入れて流した。

（三）イザナキの黄泉国訪問と脱出——改めて今度は男神が先に発言した結果、イザナミは大八洲の島々や海・川・風・山・野・木・石などの神々を生むが、火の神を生むときやけどで病み臥し、その間にも、金山・土・水・穀物など重要な神々が化成するが、とうとう亡くなって黄泉の国に去る。イザナギは亡妻を連れ戻そうと黄泉の国を訪れるが、「見るな」の禁を破って一つ火を点し、その腐乱した姿を見たために女神の怒りを買い、追手から逃れて、黄泉平坂《よもつひらさか》の千引《ちび》きの岩を挟んで絶縁の誓いをしたのち脱出に成功、アハギガハラでみそぎをして死穢を除き、この世に復活する。

（四）三貴神の誕生と分治——このときのみそぎで生まれたのは、綿津見《わたつみ》の三神と住吉《すみよし》の三神。ついで、イザナギの左目を洗うとアマテラスが、右目を洗うと月読命《つくよみのみこと》が、鼻を洗うとスサノヲが生まれ、以上三貴神にそれぞれ、高天原、夜の食《お》す国、海原の統治を命ずる。

（五）スサノヲの昇天と天の安河の誓い——が、スサノヲはそれに従わず、亡母のいる根の堅州国に行きたいといって泣きわめいたため、イザナギは追放を決意する。そこで、スサノヲは天上のアマテラスのもとへ暇乞いに赴くが、身の潔白を証明するため、天の安河でウケヒをすることになる。

（六）天の石屋戸——そのウケヒに勝ったと思い込んだスサノヲは、それを誇って乱暴狼藉を働いたので、アマテラスは天の石屋戸に籠もり、天下は暗黒となった。八百万《やおよろず》の神はアマテラスを招き出す相談をし、常世の長啼鳥を鳴かせ、アメノウズメが神懸りして踊り狂ったので、諸神が大笑いし、これによってアマテラスは石屋戸を出て光明が戻った。

（七）オオナムチの根国での試練と国土経営——他方、スサノヲは体刑を処せられ、高天原から出雲の国へ追放された。六代後に生まれたのがオオナムチで、彼はスサノヲの坐《いま》す根の国で大きな試練を受ける。スセリヒメの助けで地上に脱出したオオナムチは、オオクニヌシと名を改め、「波の穂より天《あめ》の羅摩《かがみ》の船に乗りて、鵝《ひむし》の皮を内剝《うつは》ぎに剝ぎて衣服《きもの》にして、帰《よ》り来」たスクナヒコナの協力を得て国土を経営、やがてスクナヒコナは本国である常世の国へ去った。

（八）アメノワカヒコの派遣――スクナヒコナに去られてオオクニヌシは国作りを続行するのに困ったが、このとき海を光《てら》して依り来る神があった。それが御諸《みもろ》山に坐す神で、オオクニヌシはその神を祀れば国作りが成功するだろうとの言にしたがって、御諸山に祀った。一方、高天原ではオオクニヌシに国譲りさせるための交渉者派遣の会議が開かれていた。葦原の中つ国の統治者はアマテラスの子であるべきだったからである。第一の使者アメノホヒはオオクニヌシに媚びて復命しなかった。第二の使者アメノワカヒコも、オオクニヌシの娘シタテルヒメを娶って、やはり復命しなかった。そこで雉《きじ》を遣わしてアメノワカヒコを問責したところ、逆にアメノワカヒコは雉を射殺したため、その矢で返り討ちにあって死ぬ。葬儀がおこなわれ、アメノワカヒコの親友で容姿の酷似したアジスキタカヒコネが弔いに来て、遺族からアメノワカヒコがまだ生きていると間違えられたため、アジスキタカヒコネは怒って昇天する。

――このあと、天上では第三の使者タケミカズチに天《あま》の鳥船《とりふね》神を副《そ》えて派遣、やがて国譲り、さらには天孫降臨へと場面は大きく展開するが、天界と異界での出来事、両界からの来訪者・帰還者が具体的にどのようなものであったかを確認するには、以上で十分だろう。なかでツクヨミノミコトが統治する夜の食す国やスサノヲが統治することを求められた海原までもが異界に属しているのは面白いが、ここで注意しておきたいのは、黄泉の国と根の国の異同と、常世の国の性格である。

（三）（五）（七）から分かるように、黄泉国と根の国、根の堅洲国は、死者が赴く地下の暗黒世界。ただし、根の国、根の堅洲国といった場合は、スサノヲが青山を枯山なすまで慕い焦がれたごとく、折口信夫のいう「妣《はは》が国」、つまりわれわれの祖先が代々持ち伝えたノスタルジーとエキゾチシズムが揺曳していて、イザナギが恐怖したような穢れた暗黒世界のイメージとは遠い。

一方、常世の国については、（一六）に常世の長啼鳥のことが、（七）では、スクナヒコナのことが出ている。常世の長啼鳥とは太陽神の神使《みさき》として暁を告げる鶏。それが棲んでいるのだから、そこが現世に幸福をもたらす憧れの理想郷であるのは確かで、だからオオクニヌシを助けるスクナヒコナも常世の国からやってきて、自分の仕事が終わると本国に戻っていったと語られている。

## ヒルコ・スクナヒコナ・ホムチワケ

奈具社の羽衣説話も『竹取物語』も、白鳥の登場しない白鳥処女説話であると先に言った。天空高く飛翔する白鳥は、古代人にとって、天界からの使者であり、霊魂のかたどりであった。したがって、浦島が玉手箱を開けたとき、常世に靡いて消えてしまったのが、彼の霊魂であったとしたら、これも白鳥の登場しない白鳥処女説話と言えはしまいか。

末尾にタジマモリの常世行きの話を載せる垂仁紀は、天皇の妃に迦具夜比売命《かぐやひめのみこと》がいることをはじめ、後に述べるアメノヒボコの渡来といい、送り返される丹波出身の皇女竹野姫《たかのひめ》といい、あるいは倭姫《やまとひめ》の巡歴といい、本書のテーマと切り離せないことが頻出するので、章を改めて詳しく論じなくてはならないが、ここでは白鳥と関連のあるホムチワケと、異界から訪れ、再び異界へと去る、ヒルコとスクナヒコナについて見ておく。

後者から先に述べると、ヒルコ（蛭子）は、ヒルのように手足の萎えた不具の子の意。イザナギ・イザナミが天の御柱を行き廻り逢って、初めてまぐわいをした際、通例に反して女が先に声をかけたので、できそこないの子が生まれた。それがヒルコで、三歳になっても足が立たず、葦船に乗せて流し捨てられた。福祉思想の発達した今日からみると、ずいぶん残酷な話だが、『古事記』が葦船と書いてあるところを、『日本書紀』一書では天橡樟《あめのくす》船《ふね》ないし鳥磐橡樟《とりのいはくす》船《ふね》と記しているから、その行く先は天界もしくは常世国と察せられのが、せめてもの救いである（私はこのヒルコを、後年のエビス信仰と関連させて考えている。そのわけは先で述べる）。

スクナヒコナ（少名毘古那）は、「波の穂より天《あめ》の羅摩《かがみ》の船に乗りて、鵝《ひむし》の皮を内剝《は》ぎに剝ぎて衣服《きもの》にして、帰《よ》り来」たと書かれている（『古事記』）が、その姿は方向さえ違え、先のタジマモリが「万里波を踏みて、遠く弱水を渡った」のとよく似ており、確かに常世国からやってきたのだと知れる。「鵝《ひむし》の皮を内剝《うつは》ぎに剝ぎて衣服《きもの》にし」は、天界から飛来する白鳥のイメージとも重ね合わせたのであろうか。オオナムチ（オオクニヌシ）に協力して「此の国を作り堅め」た国土造営の神であり、医薬の神、酒の神でもあった。カミムスビの手俣《たなまた》より漏れ落ち、この世での仕事を終えて常世国に帰るときは「粟茎に縁りしかば、弾かれ渡りまし」（『日本書紀』）たというから、かぐや姫と同じ小童神で、穀霊としての性格もある。

穀霊といえば、先の『丹後国風土記逸文』奈具社説話が、羽衣を盗まれた天女は最後、トヨウカメの神として祀られたと記していたことが思い出されるし、稲荷信仰の本家、京都伏見稲荷の創祀を説く『山城国風土記逸文』も、「餅を用いて的と為ししかば、白き鳥と化成《な》りて飛び翔《かけ》りて山の峯に居り、伊禰奈利生ひき。遂に社の名と為しき」と伝えるので、白鳥との由縁はこのスクナヒコナまでさかのぼりうる。

一方、ホムチワケ（ホムツワケ）の表記は、『古事記』に本牟智和気王、品牟都和気命、『日本書紀』に誉津別命、『尾張風土記逸文』に品津別皇子。垂仁天皇と皇后サホヒメとのあいだの子だが、サホヒメが同母兄のサホヒコと通じて反乱に加担したため、攻められて両親は火中に死に、ホムチワケだけが助かる。そのときのことを、『日本書紀』は次のように記す。

天皇、更軍衆《またいくさびとども》を益《ま》して、悉《ことごとく》に其の城《き》を囲《かく》む。即ち城《き》の中に勅《みことのり》して曰《のたま》はく「急《すみやか》に皇后と皇子《みこ》とを出でませ」とのたまふ。然《しか》るに出でませず。則ち将軍《いくさのきみ》八綱田《やつなだ》、火を放《つ》けて其の城を焚《や》く。焉《ここ》に、皇后、皇子を懐抱《いだか》して、城の上《へ》を踰《こ》えて出でたまへり。因《よ》りて奏請《まう》して曰《まう》さく、「妾《やつこ》、始め兄《このかみ》の城に逃げ入りし所以《ゆゑ》は、若し妾と子《みこ》とに因りて、兄の罪を免《ゆる》さるること有りやとなり。今免さるることを得ずは、乃《すなは》ち知りぬ、妾が罪有ることを。何ぞ面《みづか》ら縛《とらは》るること得む。自経《わな》きて死《まか》らくのみ。唯《ただ》し妾死ると雖《いふと》も、敢へて天皇の恩《みうつくしび》をのみ忘れじ。願はくは妾が掌りし後宮《きさきのみや》の事は、好《よ》き仇《をみなども》に授けたまへ。其の丹波国《たにはのくに》に五の婦人《をみな》有り。志並《こころならび》に貞潔《いさぎよ》し。是《これ》、丹波道主王《たにはのみちぬしのおほきみ》の女《むすめ》なり。当《まさ》に掖庭《うちつみや》に納《めしい》れて、後宮の数《ひとかず》に盈《つか》ひたまへ」とまうす。天皇聴《ゆる》したまふ。時に火興《おこ》り城崩れて、軍衆悉に走《に》ぐ。狭穂彦と妹《いろも》と、共に城の中に死《まか》りぬ。

幼いホムチワケを育てたのが、サホヒメの遺言によって召された丹波出身の皇女たちだったことは、憶えておいてもらおう。ともあれ、こうして成長したホムチワケだが、三十歳になっても、幼時のごとく泣きやまず、言葉を発することがなかった。

時に鳴鵠《くぐひ》有りて、大虚《おおぞら》を度《とびわた》る。皇子《みこ》仰ぎて鵠《くぐひ》を観《みそなは》して曰《のたま》はく、「是何物ぞ」とのたまふ。天皇、則ち皇子の鵠《くぐひ》を見て言《あぎと》ふこと得たりと知《しろ》しめして喜びたまふ。左右に詔《みことのり》して曰はく、「誰か能く是の鳥を捕へて献《たてまつ》らむ」とのたまふ。是に、鳥取造《ととりのみやつこ》の祖《おや》天湯河板挙《あめのゆかはたな》奏《まう》して言さく、「臣《やつこ》必ず捕へて献らむ」とまうす。即ち天皇、湯河板誉に勅して曰はく、「汝《いまし》是の鳥を献らば、必ず敦《あつ》く賞《たまひもの》せむ」とのたまふ。時に湯河板誉、遠く鵠の飛びし方を望みて、追ひ尋《つ》ぎて出雲に詣《いた》りて、捕獲《とら》へつ。

或《あるひと》の曰はく、「但馬国に得つ」といふ。


大空を飛び渡る鵠《くぐひ》（白鳥）を見て、「あれは、何」と言って、そのとき初めて言葉を発することが出来たとは、なんと感動的であることか。そして、天皇に命じられてこの白鳥を追い、出雲ないし但馬でそれを捕えることに成功したのが、鳥取部の祖である天湯河板誉《あめのゆかはたな》であったと付け加えるが、『古事記』は天湯河板誉の代わりに山辺之大鶙《おほたか》を遣わしたとし、その追跡路も、木（紀伊）、針間（播磨）、稲羽（因幡）、旦波（丹波）、多遅摩（但馬）、近淡海《ちかつあふみ》（近江）、三野（美濃）、尾張、科野《しなの》（信濃）、高志《こし》（越）と、ずっと詳しい。ここで山辺とあるのは、部民の山部のことで、海の民＝海部に対する、山の民である。鳥取部は海人族だから、ここで海人と山人は連絡する。

## 非時《ときじく》の香菓《かぐのみ》と蓬莱の玉の枝

ところで、この常世国に関しては、垂仁紀がその末尾に次の記事を載せているのが、注目される。


九十年の春二月《きさらぎ》の庚子《かのえね》の朔に、天皇、田道間守《たぢまもり》に命《みことおほ》せて、常世国《とこよのくに》に遣《つかは》して、非時《ときじく》の香菓《かぐのみ》を求めしむ。今橘と謂ふは是なり。

九十九年の秋七月《ふみづき》の戊午《つちのえうま》の朔に、天皇、纏向宮《まきむくのみや》に崩《かむあが》りましぬ。時に年百四十歳。

冬十二月《しはす》の癸卯《みづのとう》の朔 壬子《みづのえねのひ》に、菅原伏見陵に葬《はぶ》りまつる。

明年《くるつとし》の春三月《やよひ》の辛未《かのとのひつじ》の朔壬午《みづのえうまのひ》に、田道間守、常世国より至《かへりいた》れり。則ち齎《もてまうでいた》る物は、非時《ときじく》の香菓《かぐのみ》、八竿《ほこ》八縵《かげ》なり。田道間守、是《ここ》に、泣《いさ》ち悲歎《なげ》きて曰さく、「命《おほみこと》を天朝《みかど》に受《うけたまは》りて、遠くより絶域《はるかなるくに》に往《まか》る。万里《とほく》浪を踏《ほ》みて、遥に弱水を度《わた》る。是の常世国は神仙《ひじり》の秘区《かくれたるくに》、俗《ただひと》の臻《いた》らむ所に非ず。是《ここ》を以《も》て、往来《ゆきかよ》ふ間に、自づから十年《ととせ》に経《な》りぬ。豈期《あにおも》ひきや、独峻《ひとりたか》き瀾《なみ》を凌ぎて、更本土《またもとのくに》に向《まうでこ》むといふことを。然《しか》るに聖帝《ひじりのみかど》の神霊《みたまのふゆ》に頼《よ》りて、僅《わづか》に還《かへ》り来《まうく》ること得たり。今天皇《すめらみこと》既に崩《かむあが》りましぬ。復命《かへりことまう》すこと得ず。臣《やつかれ》生けりと雖《いふと》も、亦何の益《しるし》かあらむ」とまうす。乃《すなは》ち天皇の陵《みささぎ》に向《まゐ》りて、叫《おら》び哭きて自ら死《まか》れり。群臣《まへつきみ》聞きて皆涙を流す。田道間守は、是三宅連の始祖《はじめのおや》なり。

すなわち、垂仁天皇の命令で常世国に不老長寿の薬である非時の香菓を求めて常世国に渡った田道間守（三宅連の祖）は、十年後ようやくそれを入手して戻ると、帝はすでに亡くなっていた。それで、天皇の陵墓に詣でて泣き叫び、生きていて何の甲斐があろうと言って自死したというのだが、ここで看過できないことが二点ある。

一つは田道間守《タジマモリ》＝但馬守と解けることで、そうであるなら彼は同じく常世国へ渡った浦の嶋子のいた丹波筒川とは隣り合った地の国守だったわけだから、嶋子を祖とする日下氏とは同じ海人族で、三宅連は『新撰姓氏録』が「新羅国王子天日鉾命《あめのひぼこのみこと》之後也」と記していることからして、朝鮮半島からの渡来人とも関係は深いと見なければならない。

二つは、常世国の方向・場所に関してである。まず前者から見てゆくと、ここでは「万里《とほく》浪を踏《ほ》みて、遥かに弱水を度《わた》る」としか書かれていないが、先のスクナヒコナの帰還を、『日本書紀』は「行きて熊野の御碕に至りて、遂に常世郷に適しぬ。亦曰はく、淡嶋に至りて、粟茎に縁りしかば、弾かれ渡りまして常世郷に至りましきといふ」（神代紀上第八段一書第六）と書き、この場合の熊野、淡嶋は出雲の地のことだから、そこから海上をはるか遠方に向かったと考えられる。さすれば、その地がどこであるにせよ、浦島が丹後の筒川から向かった蓬莱とも方向は一致するはずだ。

さて、そこで想起されるのが、またしても『竹取物語』である。「東の海に蓬莱といふ山あるなり。それに銀を根とし、金を茎とし、白き玉を実として立てる木あり。それを一枝おりて給はらん」。難題婿譚の第二話で、かぐや姫はくらもちの皇子にその「蓬莱の玉の枝」を一枝取ってくることを課し、以下、タジマモリがそうであったように、蓬莱の山へ行き着くまでの航海が、いかに困難だったかが語られる。問題は、タジマモリの求めた「非時《ときじく》の香菓《かぐのみ》」と、庫持皇子《くらもちのみこ》が求めた「蓬莱の玉の枝」の類似である。

非時の香菓は、読んで字のごとく、通説では「(ある特定の)時でない」=「時節にかかわりなく常に」よい香りを発する柑橘系の木の実の意。だからこそ、『日本書紀』の記録者も「今橘と謂ふは是也」と註したのだろう。ところが、『古事記』を参照すると、万葉仮名で「登岐士玖能迦玖能木実」と表記されている。「迦玖」は光輝くの意だから、かぐや(迦具夜)姫の「迦具」や、火の神・迦具土の「迦具」と一部共通するだけでなく、「銀を根とし、金を茎とし、白き玉を実として立てる」「照りかがやく木」、すなわち、蓬莱の玉の枝も、じつは同一の不老不死の霊樹であったことが判明する。

非時の香菓、ないしは蓬莱の玉の枝が、柑橘系のそれであるなら、黄泉の国から帰還したイザナギがミソギして死の穢れを払い、この世に再生する場所が橘の小戸のアハギハラであるわけも、ヤマトタケルを救うため海神の犠牲になった弟橘比売《おとたちばなひめ》が橘という名前を負った姫だったわけも、了解されてくる。近年まで神奈川県には橘樹《きつき》郡という地名が残されていたが(現地名は木月)、ここはオトタチバナヒメの出身地であったとも、姫が流れ着いた場所であったとも言い伝えられている。

不老不死の霊薬と言えば、秦の始皇帝が徐福をしてそれを蓬莱など東海の三山に求めさせた話が有名で、結局、彼は目的を達せず、紀伊半島の熊野など列島の各地に、その一団が漂着した伝説が残されている。庫持皇子の場合、蓬萊まで行き着いて玉の枝を入手したとは真っ赤な嘘、非時の香菓を確かに持ち帰ったはずのタジマモリも天皇の在世には間に合わなかったのだから、やはり目的を達したとはいえない。

先に引用したように、『竹取物語』の後日譚は、かぐや姫から与えられた不老不死の霊薬を、翁《おうな》も、天皇も口にすることなしに、富士の煙と化してしまったと書かれている。これは、同じことの反復である。

徐福伝説と並び称される中国古代の説話に、西王母《せいおうぼ》伝説がある。これも、西王母からもらった不老不死の霊薬を恒蛾《こうが》が盗んで月世界に逃げ込むというもので、結局のところ、どの話も不老不死などといっても、それはこの世においては実現不可能な、見果てぬ夢であることに変りはない。浦島太郎が玉手箱の蓋を開けてしまったのも、蓋を開けなければ、いつまでも不老不死のままだから、この世では具合が悪いのだ。

## 白鳥と化したヤマトタケル

歴とした皇子でありながら、ホムチワケが天皇の位に即けなかった（替りに即位したのは、景行天皇）のは、三十歳まで言葉を発することが出来なかったことと関係があろう。先のヒルコが、三歳まで足が立たなかったのに似た不幸である。えてして王権なるものが、こうした闇を抱えがちなのは、さまざまな貴種流離譚がそれを物語っている。

典型的なのは、醍醐天皇の第四皇子でありながら、盲目に生まれついたため、逢坂山に遺棄される蟬丸だが、伊良虞《いらご》島（伊良虞岬に近い今の神島）に配流されて「うつそみの命を惜しみ浪に濡れ伊良虞が島のたま藻刈ります」（『万葉集』）と歌った麻積王《おみのおおきみ》や、時の皇后で実の妹衣通姫《そとおしひめ》と通じたため追放の憂き目に遭い、流刑の地の伊予の水辺で彼女と心中を遂げた軽皇子《かるのみこ》の例が示すように、その流離の地が海辺に多いのは、海人族との関係に思いがおよぶ。

　こう言えば、須磨に流離してわび住まいする光源氏が、同地の海人の鄙びたさざめきに物珍しく聞き入る場面も思い起こされてくる。そして、天皇位に即くべくして即けなかった貴種流離の皇子の筆頭格がヤマトタケルであるのは、誰しも異存のないところだろう。

　西国遠征で連戦連勝して凱旋したのに、父景行天皇からすぐさま今度は東国遠征を命じられ、その途上で伊勢神宮に赴き、叔母のヤマトヒメに「天皇既に吾死ねと思ほす所以か」と、泣いて窮状を訴えると、彼女は草那芸《くさなぎ》の剣と御嚢《みふくろ》を与えて加護を約束、今度は苦戦しながらもようやくミヤズヒメ（宮簀姫）の待つ尾張に帰還するが、伊吹山で白猪の難に遭遇し、にわかに病に倒れて、鈴鹿の能煩《のぼ》野《の》で帰らぬ人となる。このとき、ヤマトタケルが詠んだとされる絶唱は、次の四首。

倭《やまと》は　国のまほろば　たたなづく　青垣　山隠れる　倭しうるはし
命《いのち》の　全《また》けむ人は　畳薦《たたみこも》　平群《へぐり》の山の　熊白檮《くまかし》が葉を　髻華《うず》に挿せ　その子
愛《は》しけやし　吾家《わぎへ》の方《かた》よ　雲居起《た》ち来《く》も
嬢子《をとめ》の　床《とこ》の辺に　我が置きし　つるぎの大刀《たち》　その大刀はや

また、ヤマトタケルの死を悼んだ歌が、以下の四首。

なづきの田の　稲幹《いながら》に　稲幹に　匍《は》ひ廻《もとほ》ろふ　野老蔓《ところづら》
浅小竹原《あさじのはら》　腰なづむ　空は行かず　足よ行くな
海処《うみが》行けば　腰なずむ　大河原の　植ゑ草　海処はいさよふ
　浜つ千鳥　浜よは行かず　磯伝ふ

死してヤマトタケルの霊魂は八尋白智鳥と化し、海上から天高く翔け上がって、大空のかなたに消え去る。数ある『古事記』の名場面のなかでも、とびきり印象的な箇所だが、なぜかヤマトタケルの赴くところは、西国遠征の地も、東国遠征の地も、海人族とは縁が深い。

なかでも、伊勢や尾張は、そのもっとも有力な一族の本拠地である。後者、タケルの挽歌としての歌謡を、前川明久氏は、もと水辺近くに住む海部のあいだで伝承されていたのではなかったかと述べていた（「ヤマトタケル白鳥伝説の一考察」）。海部は単なる漁民ではない。海産物を貢進するほか、天皇や皇子に近侍し、護衛にもあたった皇室の直属民でもあった。

実を言うと、浦島太郎もかぐや姫も、このヤマトタケルとどことなく似ている。彼らはこの世の生活者でありながら、いわば天界・異界からの使者でもあって、最後は白鳥と化して、海上から天空のかなたへと飛翔し去った。

いま私たちの前に残されているのは、彼らが飛翔し去ったあとの空白と、余韻である。それはとうの昔に失われてしまったものであるだけに、どこかしらたまらなく懐かしまれてならないノスタルジーとエキゾチシズムに包まれている。しかもそれ以上にいっそう重要なことは、そこには大和王権が密封したわが国古代史の巨大な謎が秘められているようなのである。

# 第二部

# 海人族と古代王権

# 第1章　丹後王国の皇女たち

## アマテラス誕生

元始女性は太陽ではなくて、月の女神だった。

ルーマニアの宗教学者ミルチャ・エリアーデに言わせると、天空は直接にその超越性、力、聖性を啓示し、かかる認識は原初の時から全世界が共有していたとのこと。すなわち、天空神は大地と人間の創造者で、万物のつくり手、至高の存在であった（『太陽と天空神』）。

ところが、歴史の進展とともに、人間の生活が多様化すると、それはさまざまに劇化され、専門化されて、新しい形態の神にとって代わられた。つまり、このとき最初に出現したのが、月の女神であって、古代人はおのれの誕生から生長、生殖、運命、死、魂の再生のすべてに、月神の支配と影響を感受したというのである。

月は、それ自体から再生する。三日月は生命そのものである水をたたえた盃で、その水は不老不死のネクターだった。月の水は、露や雨となって地上に降りそそぎ、月のリズムに合わせて干満を繰り返す海が地球を覆う。月の女神は、水の女神でもあった。これは甘露水アムリタや蜜水マドラを抱える古代インドの月神ソーマや、ペルシアの月神アナヒータを原像とするアヴァロキテシュバーラ（観音菩薩）を見ても了解できる。

月よりも太陽が重視され、崇められるようになったのは、農耕が開始されて、太陽の光と熱の恵みが欠かせないと認識された以降のことに属する。権力者との出現とも、符節を合わせるものであったろう。太陽は明け方に現れ、日没まで照っているあいだだけの存在で、あとは闇と化してしまう。ところが、月は周期的に満ち欠けをくりかえし、新月を経て、三日後には三日月として蘇える。

イエスが死後三日目に復活したと聖書作者が記したのは、月の満ち欠けに触発されて死と再生の儀式をおこなった古代人の意識（エジプトのオシリス神話や、古代ギリシアのエレウシスの秘儀）の反映であろう。『旧約聖書』で鯨に呑み込まれたヨナが生還したのも、三日後だった。

七という数が特別に神聖なものとされるようになったのは、日中がいちばん短くなる日からかぞえて七回目の満月のころに王が死んだからで、太陽年が三百六十四日と数時間であると分かったあとでさえも、一年は月の周期である月《マンス》に分けられなければならなかった。二十八という数が神聖視されたのは、ひとつには月が女性として崇拝されており、その女性の月経の周期が二十八日であること、もうひとつは地球をめぐる公転の周期もやはり二十八日であること、その二つの理由からであった。月（moon）の派生語に、測定（measure）、月経（mense）、記憶（memory）、狂気（mania）等があり、時（time）と潮（tide）が韻を踏み、子宮（womb）と墓（tomb）が韻を踏んでいるのも、それなりの理由があるのだ。

イギリスの学者詩人、ロバート・グレイヴズは、ギリシア神話をバッハオーフェンらが主張したように女家長制、およびトーテム制が母系の王政にとって替わられ、続いて父系の王政となり、ついには完全な家父長制へと推移する過程に呼応していると見て、古代ヨーロッパの信仰体系は共通して月の女神とその息子たちとの神秘的な関係に基礎を置いていると主張した。ここで月の女神が、彼の言う白い女神、つまり白鳥の娘ヘレネーと結びつく。
してみると、帝に言い寄られて、きと影になったかぐや姫も、本来は月の女神、白い女神だったのではないだろうか。

黄泉《よみ》の国から帰った（つまり、黄泉帰った＝よみがえった）イザナギが、アハギガハラでミソギして、両眼を洗ったときに成りました三貴子の一、月読命《つくよみのみこと》がその月神（他はアマテラスとスサノヲ）だが、ひとりツクヨミばかりは記紀ともにわずかな記述しかなく、その後の系譜もほとんど残されていない。

これは、天皇家の祖としての太陽女神アマテラスを強調するのに邪魔だからで、月神であるツクヨミを、トヨウカメと合わせて伊勢外宮に祀ったごとくに、意図して脇に置いた結果である。

三浦茂久氏の大作『古代日本の月信仰と再生思想』は、記紀の政治性・欺瞞性を衝くいっぽうで、わが国本来の月信仰を次のように復元してみせてくれた。

一　暦日のカ（日）は月夜である。ココミのコ、クサカ（日下）のク、ケ長くのケも、月・月夜。

二　「春さらば」もサラ・サルは「再びなる」の意。また、シロ（代）は変わりでなく、再びなるもの（ところ）、繰り返すもの（ところ）である。だからシラに産むものや変態するものの意が生じる。

繰り返す代表的なものは月である。

三　「顕宗紀」三年の条にタカミムスヒは古い月神であることが隠れていた。一方、「神代記」の高木神は槻《つき》（欅《けやき》の別名）、すなわち槻（月）の神の暗喩であった。

四　古代天皇の名に多いタラシ（足）は満ち足る月を指していた。

五　南島のテダ・カハ・シノ・シナは太陽の意とされてきたが、月・月夜であって、日光感精説話は月光感精説話であった。

六　海部である尾張氏の祖神天照国照彦（天火明命）も、太陽神ではなくて月神。アマテルは『万葉集』で月の常套的形容句で、ホノアカリは月の明り。ホノアカリの子はアメノカゴヤマ。アメノは月のある天界、カガ、カグ、カゲ・カゴは月の光。これでこそ、潮汐を支配する月を読んで、舟運や漁業を成り立たせてきた海人族の祖神にふさわしい。

七　サルタヒコは槻（月）神。アマテラスもかつては月神で、「垂仁記」ではアマテラスと倭姫は月信仰の盛んな地を巡行している。

八　アマテラスの古名はヒルメ。機織女の意で、月神に仕える巫女であった。

白山信仰の白《シロ》はシラであるとして、死からの再生を意味すると、私は既著のほうぼうで述べたが、それは二で示された見解と一致する。それはともかくとして、ここで私が思い起こすのは、対馬に祀られていた月神・日神が、本土に遷された次第を述べた顕宗紀の記事だ。

三年の春二月の丁巳《ひのとのみ》の朔《ついたちのひ》に、阿閉臣事代《あべのおみことしろ》、命《おほみこと》を銜《う》けて、出でて任那《みまな》に使《つかひ》す。是《ここ》に、月神《つきのかみ》、人に著《かか》りて謂《かた》りて曰《のたま》はく、「我が祖　高皇産霊《たかみむすびのみこと》、預《そ》ひて天地《あめつち》を鎔《あ》ひ造《いた》せる功有《いさをしま》します。民地《かきところ》を以《も》て、我が月神に奉《つかまつ》れ。若《も》し請《こひ》の依《まま》に我に献《たてまつ》らば、福慶《さいはひよろこび》あらむ」とのたまふ。事代、是に由りて、京《みやこ》に還《かへ》りて具《つぶさ》に奏《まう》す。奉《つかまつ》るに歌荒樔田《うたあらすだ》を以てす。歌荒樔田は山背国の葛野郡に在り。壱岐縣主《いきのあがたぬし》の先祖押見《おしみの》宿禰《すくね》、祠《まつり》に侍《つか》ふ。

夏四月の丙辰《ひのえたつ》の朔　庚申《かのえさるのひ》に、日神《ひのかみ》、人に著りて、阿閉臣事代に謂りて曰《のたま》はく、「磐余《いはれ》の田を以て、我が祖高皇産霊に献れ」とのたまふ。事代、便《すなは》ち奏す。神の乞《こはし》の依《まま》に田十四町を献る。対馬下縣《つしまのしもあがたの》直《あたひ》、祠《まつり》に侍《つか》ふ。

大和朝廷の王権下に組み込まれた地方に中央神が進出するのが通常なのに反して、これは逆に壱岐・対馬の地方神が中央に進出する稀有な例である。天地《あめつち》の創造を司った高皇産霊の功に報いるべく、月神、日神を中央でも祀れとの占いが出たのだろう。占ったのは壱岐・対馬の卜部《うらべ》である。結果、山背国葛野《くずの》に月読神社が祀られる。日神に先んじたのは、それより優位だったことの名残りだ。現在の松尾大社の摂社で、近くを流れる川が桂川なのは、葛《かつら》、すなわち月の桂にちなんでいる。

他方、日神は二月遅れで大和国磐余に祀られたはずだが、それに相当すると見られる十市郡目原坐高御魂神社（延喜式式内社）の祭神は高皇産霊だったから、厳密にいえば、祀られたとはいえない。つまり、このことから、天皇家の祖神としてその後名声揺るぎないアマテラスの存在は、五世紀末のこの時代、まだ不確かだったことが分かる。

アマテラスの前身とされるのは、天照御魂神《あまてるみたまのかみ》。「延喜式神明帳」には、木嶋坐天照御魂神社（葛野の月読神社に近い、太秦《うずまさ》広隆寺の隣に鎮座）、他田坐天照御魂神社、鏡作坐天照御魂神社、新屋坐天照御魂神社の四社が載る。どれも対馬の日神の後身だから、男神である。

大和国城上郡の他田坐天照御魂神社の比定社である太田堂久保の天照御魂神社は、立春・立冬に三輪山の山頂からのぼる日の出が拝め、その祭神は火明命《ほあかりのみこと》である。「日」「霊」は甲類、「火」は乙類と、上代特殊仮名遣いが区別するのは、「日」と「火」の混同を避けるためだが、古代の民俗行事は、共に燃えるもの、照り輝くものとして、両者を同一視していた。

『アマテラスの誕生』の著者である筑紫申真氏は、日祀部《ひまつりべ》（日奉部の表記もある。設置は、私部《きさいべ》と同じ敏達紀六年）が祀っていた日神は「三輪山に天降って他田で日祭りをうけていた他田坐天照御魂の系統のアマテル」の神で、この神を天武朝になって「伊勢に移転したのが皇大神宮」と見る。

日祀部とまぎらわしい日置（ヒオキ、ヒキ、ヘキの訓がある）部という部民もいた。柳田國男、折口信夫は、日祀部と同じく日招きや日読みに関わったというだけで、違いについては黙したままだったが、宮内省主殿寮殿部の負名氏《なおいのうじ》の一つで、車持氏が掌供御輿輦、笠取氏は蓋笠、繖扇、子部《こぶ》氏が帷帳、湯沐、酒掃殿庭、鴨氏が松柴、炭燎であるのに対し、燈燭がその職掌だったことが明らかにされている。神事や祭祀に携わる一方で、燈燭にかかわる手工業生産や、鉄器、土器の生産にもあたっており、その本拠は『和名抄』大和国葛上郡日置郷にあった。近くを木津川が流れる、奈良県御所《ごぜ》市朝妻付近である。

分布国は、大和、尾張、美濃、出雲、丹後、摂津、肥後、若狭、長門、周防、伊勢、安房、紀伊、和泉、但馬、越中、肥後、河内、日向、武蔵、筑後、近江、越後。その多くは、海岸部や河川の河口部、中流域の交通の要衝地だった。

本書とかかわってとくに注目されるのは、丹後国と伊勢国の日置郷だ。丹後国には日置郷が二つあって、一つは言うまでもない。浦の嶋子の伝説地、与謝郡の日置の里である。もう一つは、多紀郡の日置郷。式内大売神社が鎮座し、付近に昼目の地名があるから、オオヒルメ（折口は日神の妻と解く）、つまりアマテラスを祀っていた。

一方、伊勢国多気郡日置郷には、アマテラスの御杖代としての斎王が禊ぎをおこなった、祓川下流の斎宮跡に隣接して、式内竹神社が鎮座していた。斎宮を設置するにあたっては、この地の日置氏が関与し、伊勢皇大神宮の奉祀にも出ていた可能性を否定できない。竹神社とあるからには、付近に竹林がひろがっていたのであろう。

そこで気になるのは、天孫降臨に際して、天の八衢《やちまた》で出迎えたサルタヒコが、ニニギノミコトの一行を日向高千穂のクシフルノタケに先導し終えた後、続いてアマテラスを伊勢のサナダの五十鈴川の上流に案内する途中の場面である。『古事記』は次のように記す。

故、其の猨田毘古《さるたひこ》神、阿邪訶《あざか》に坐《ま》す時、漁《いざりし》為て、比良夫《ひらぶ》貝に其の手を咋《く》ひ合さえて、海塩《うしほ》に沈み溺れたまひき。故、其の底に沈み居たまひし時の名を、底度久《そこどく》御魂《みたま》と謂ひ、其の海水《うしほ》の都夫多都《つぶたつ》時の名を、都夫多都御魂と謂ひ、其の阿和佐久《あわさく》時の名を、阿和佐久御魂と謂ふ。
是《ここ》に猨田毘古神を送りて、還り到りて、乃《すなは》ち悉《ことごと》に鰭《はた》の広《ひろ》物、鰭の狭《さ》物を追ひ聚《あつ》めて、「汝は天つ神の御子に仕へ奉らむや。」と問言ひし時に、諸の魚皆「仕へ奉らむ。」と申す中に、海鼠《なまこ》白さざりき。爾《ここ》に天宇受売命、海鼠に云ひしく、「此の口や答へぬ口。」といひて、紐小刀《かたな》以ちて其の口を析《さ》きき。故、今に海鼠の口析くるなり。是を以ちて御世《みよみよ》、島の速贄《はやにへ》献る時に、猨女君等に給ふなり。

ナマコという海の変わった生き物を引き合いに、そのむっつり閉じた口を切り裂くという表現が、秀逸である。しかし、このナマコは御饌《みけつ》国である伊勢志摩の海人たちが、天皇の食膳に提供する珍味の一つであったことを思うと、むしろサルタヒコもその仲間である海人たちが進んで大和朝廷に服属したことを意味し、サルタヒコがひらぶ貝に手を挟まれて海底に沈められ、かわりにアマテラスの従者アメノウズメの子孫のサルメ（稗田阿礼の一族）が贄を賜ったというのは、ここでアマテラスが優位に立ったことを伝えようとしている。

すなわち、本来は男神だった日神の性格は天照御魂命が引き継いだのに対して、記紀が意図して皇祖神に仕立て上げた文献上の神であるアマテラスは、オオヒルメが女神だったせいで、同じく女神とされたのであった。前述の筑紫申真氏は、このとき海照が天照に入れ替わったと述べる。

海と天の訓が同じ「あま」だったように、海と天、天と海が入れ替わるケースは、珍しくない。アマテラス誕生以前において、天と海はパラレルで、天の神女と海の神女の機能・性格は共通していた。

これは、トヨタマヒメ神話と沖縄の天人女房の神話を対比させて考えてみると明らかである。水平線は天と一致する。海を生活の舞台とした人々は、究極のところ、海と天は合致すると考えていたはずだ。ニライ・カナイ信仰は、天と海の交わる他界は、祖霊の国であり、地上に豊穣をもたらす国であるとみなしていた。

こうして、アマテラスの神格形成の結果、天はそれ以前とは別の意味を持つようになった。つまり、絶対神アマテラスがいます高天原から天人女房が降りてくることは、結果的にアマテラスの神話、高天原の神話を崩壊させる。同じ理由で、天人女房は天へは帰れないし、天へ帰っては困るのである（倉塚曄子《あきこ》「オキナガタラシヒメ論序説」）。

## 天長二年七月七日

見てきたように、これまでに引いた文献には、それぞれに興味深い事柄が書かれていた。けれども、『丹後国風土記逸文』にしても、記紀にしても、その大半はいわゆる伝承であって、それがそのまま歴史的な事実であったわけではない。まして『竹取物語』は、物語の名があるように、立派な創作だった。仮に一部史実を踏まえてあったにしろ、もしくは史実が含まれていたにしろ、性質上、それらが事実であったかどうかは問題でない。問題にならない。

ところが、時代はずっと下って、鎌倉初期に成立した『水鏡』が次のように記しているのを、私たちはどう考えればいいだろうか。

次の帝淳和天皇と申しき。（中略）天長二年丙申に。御門は彼の嵯峨法王の四十の賀し給き。今年浦島の子は帰し也。持たりし玉の箱を開たり然ば。紫の雲西様へ昇て。幼りし躰は忽《たちまち》に翁と成て。はかばかしく歩みをだにもせぬ程に成りき。雄略天皇の御世に失て。今年は三百四十七年と云しに帰り来れりし也。

淳和天皇在位の天長二年（八二五）丙申（七月）、嵯峨法皇の四十歳を祝う会が催されたとき、三百四十七年前、つまり雄略二十二年（四七八）七月に失踪した浦島が、帰還したというのである。『丹後国風土記逸文』が「三百余歳を経つ」とおおまかに記していたその帰還を、あえて三百四十七年と細かく刻んで、しかも、『日本書紀』や『風土記』が編纂された時代から百年も経って、その浦島がこの年帰還したと、あくまでも実在の人間としておきたかった作者の意図は、真意は、いったい奈辺にあったのか。

丹後半島の先端、筒川に現存する浦島神社が、創建を天長二年としているのは、この『水鏡』の一節に拠ったのだろう。周知のように、これは先行する『大鏡』『今鏡』や後続の『増鏡』と同趣向の、歴史物語である。したがって、そこに書かれていることは、むろん歴史其儘《そのまま》とは言えない。むしろ、部分部分で作者の意のままに歴史に手を加えたとみるべきで、そうなると作者があえてそのように作為した意図が、いよいよ問題である。それとも、単なるあてずっぽう、いたずら心だったろうか。

加えるに、ここで不思議なのは、『倭姫命世記』（鎌倉中期）より早く、『太神宮諸雑事記』（平安後期）が、次のように述べていることだ。

雄略天皇即位廿一年丁巳、唐大和元年に当る也。而して天照坐す伊勢大神宮の御託宣に偁《いは》く、「我が食津神《みけつ》は丹後国与謝郡真井原に坐します。早く彼の神を迎へ奉り、我が朝夕の御饌物《みけつ》を調へ備へしめ奉るべし。」と託宣し賜ひ既了《ことおへ》ぬ。乃《よ》り従ひて真井原より迎へ奉りて、伊勢国度会《わたらい》郡沼木郷山田原の宮に鎮め奉り給へり。（今、豊受太神宮と号する、是なり。）……然る後、彼の天皇即位廿二年戊午七月七日、豊受の神の宮をば迎へ奉らる也。

すなわち、浦島の出立を雄略二十二年（四七八）秋七月と記した、その同年同月七日に、丹後国与謝郡真井原から御饌神として伊勢皇大神宮に、トヨウケ神が迎え入れられたと書いていて、同じこの四七八年は宋書にみえる有名な倭王武（雄略天皇）の上表文が提出された年でもあった（一二六頁参照）。

浦島神社（『丹後半島歴史紀行』河出書房新社、より）

伊勢神宮の起源譚として知られるヤマトヒメの巡歴は、最初に述べた『丹後国風土記逸文』の奈具社羽衣説話の道行きを踏まえ、それにあやかったものであるとは、いまや定説になっている。そして、浦島が帰還したこの年、前述の竹神社の隣に斎宮寮が建てられているのは、たとえ伝承上のことであるにしても、あまりに話が合い過ぎる。

　七月七日なのは、むろん、七夕を意識したのであろう。かぐや姫の昇天は八月十五夜のときで少しずれるが、浦島と亀比売との出会いは、漢の武帝と西王母との出会いが、牽牛・織姫の出会いをなぞっていることを踏まえている。それが、到着したところが海底の竜宮なのに、浦島を出迎えた竜宮一族のなかに、昴星《すばる》・畢星《あめふり》が混じっていた理由だろう。

## 竹取の里

さて、竹とくれば、やはりかぐや姫である。

日本全国に竹取の里、つまり、かぐや姫伝説発祥の地を称しているところがいくつかある。なかで私が注目するのは、現奈良県北葛城郡広陵町と京都府京田辺である。

前者から見てゆこう。ここは、『和名抄』大和国広瀬郷散吉郷。散吉《さき》は讃岐《さぬき》で、同地には、今も讃岐神社が鎮座する。

竹取の翁の名は、「さぬきのみやつこ」だった。祭祀が忌部氏の手を離れて新興の中臣氏に集中していることの不当を指弾して、自らが属する一族の事蹟を顕彰することを目的に著した忌《いん》（斎）部《べ》広成の『古語拾遺』は、讃岐国が毎年八百本の竹を貢進していたことを伝えるが、かぐや姫の名づけ親は、「三室戸忌部の秋田」。このことに着目したのが大阪市立大学の塚原鉄男教授で、氏は『新修竹取物語別記』で、『竹取物語』はこの地を想定して書かれた可能性が強いと述べていた。しかし、讃岐とのかかわりを除くと、強いて関連づけるに足る有力な材料が見当たらない。

対して、京都府京田辺はどうか。ここは平城京に通じる古代山本駅（七一一年設置）の所在地、旧山城国綴喜《つづき》郡山本。小泉芳孝氏が言うように、そこが竹取翁の家があった「やまもと近く」の山本だというのは、それだけではかなりな無理があるとしても、以下に示されたさまざまな状況証拠から、比定地とするなら、私はこちらの方に魅力を感じる。

一つは、この地は奈良から一つ目の古代駅で、ここを分岐点として、山陽、山陰、北陸、東山の幹線道路が走る、まさに陸路の要衝であったことだ。しかも、木津川の沿岸だから、水運の要衝でもある。

もう一つは、ここは大住（隅）隼人が集団移住した土地だからで、その上にいまも月読神社を祀っているのは、いっそう意味深い。

南九州の熊襲、隼人が、早くから朝廷側に服し、忠誠を誓っていたことは、海幸・山幸の神話やヤマトタケルの熊襲征伐に明らかだが、その後彼らは現地に留まる者と、各地（おもに畿内、近江、丹波、紀伊）に移住する者とに分かれた。

前者は、何度も小規模の叛乱を繰返し、筑紫の国司として赴任していた万葉歌人大伴旅人が、軍を率いて出動するなどのこともあった。仁徳天皇の后妃となった髪長媛が、日向諸県君牛諸井《もろあがたのきみうしもろい》の娘だったことは、前述した。彼女は大草香皇子《おおくさかのみこ》（大日下王）と幡梭《はたびの》皇女を生むが、幡梭皇女はのちに雄略天皇の皇后となり、その部民が浦島を祖とする海人族の日下部となる。『百済記』に沙至比跪《さちひこ》の名で実在が確認されている葛城襲津彦《かつらぎのそつひこ》は、大和と熊襲と新羅を一つに結び、神功皇后伝説の形成に欠かせなかった人物だが（武内宿禰の子と言われる）、妹の怒能伊呂比売《ぬのいろひめ》は応神天皇妃で、息子・娘に葦田宿禰と磐之比売《いわのひめ》（応仁天皇妃）がいた。

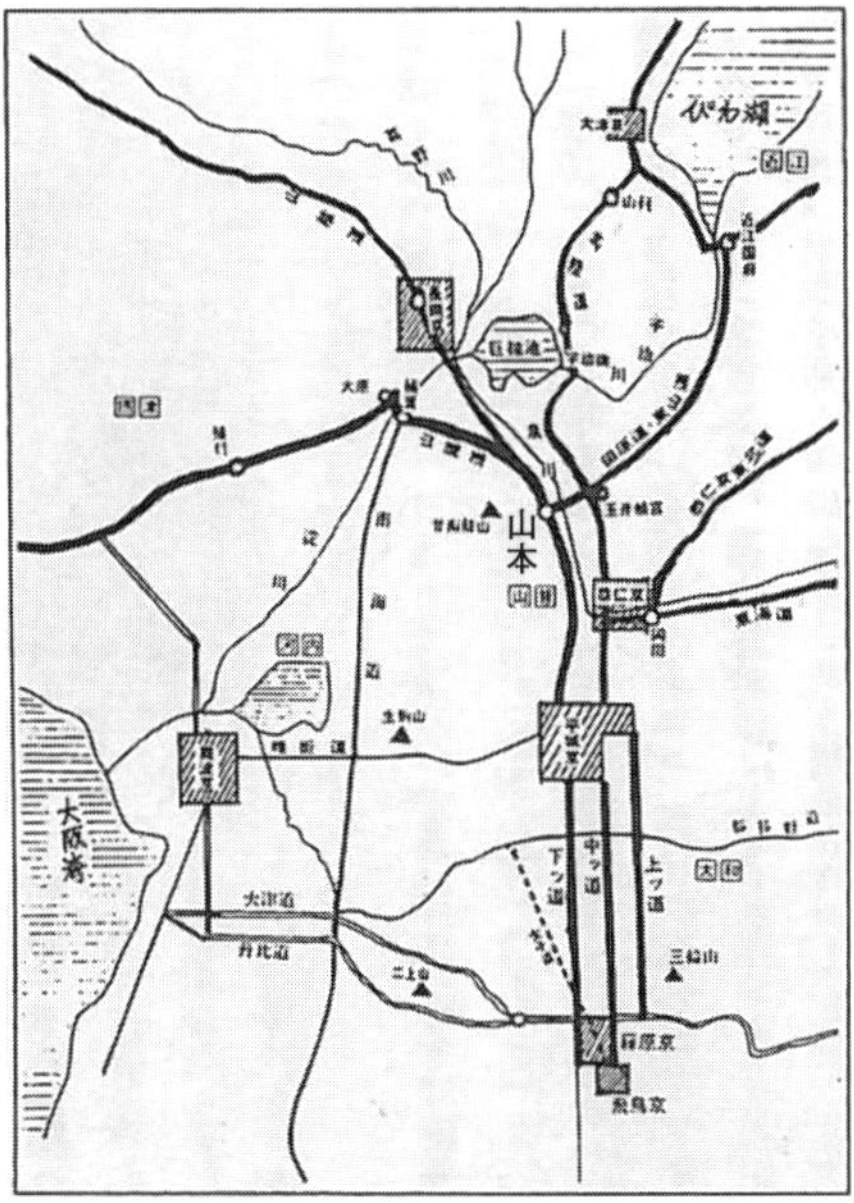

古代の山本駅周辺図（小泉芳孝『山背国綴喜郡山本駅と古代駅制について』より）

後者について言うと、律令時代、畿内隼人は隼人司に仕え、左大衣は大住隼人から、右大衣は阿多隼人から選ばれた。管掌下の隼人は笛や笠など竹製品の製造・献上、鵜飼などに従事したが、朝廷の儀式では隼人舞を演じ、天皇守護の吠声《はいせい》もおこなった。

阿多隼人の移住地として知られるのは、吉野に近い現奈良県五條市阿陀も、その一つ。紀の川の上流、吉野川の畔《ほとり》で、近くの阿陀比売神社は、阿陀比売（木花咲耶媛）、火照命《ほでりのみこと》（火明命＝海幸）、ホスセリノミコト（隼人の祖）、ヒコホホデミノミコト（山幸）を祀っている。この地で鵜飼が盛んなのは隼人の伝統を受け継ぐが、竹取の伝承はないようである。

一方、大住隼人の移住地である山城国綴喜郡山本の月読神社は、葛野、樺井と並ぶ畿内有数の式内月読神社の一つで、境内には隼人舞発祥の記念碑が立ち、石燈籠には月と太陽をあらわす三日月形と円形のくり抜きがあって、十月十四日、秋の例祭宵宮には、その隼人舞が奉納される。

この隼人舞に用いる楯には、渦巻状の紋様が彫られているが、私はこれとまったく同じ紋様を、インドネシア・スラウェシ島のサダントラジャで見かけている。それが月信仰によるものか、それとも太陽信仰によるものか不明だが、海民に共通の辟邪《へきじゃ》のしるしであるのは間違いない。

かぐや姫が昇天する場面で、大住（隅）隼人は屋敷を守る兵士として登場する。加えて、山本以外にも、竹取物語と関連しそうな地名が、付近に点在している。筒木は、筒のある木、つまり竹のことで、丹後王国の系譜に大筒木垂根王、讃岐垂根王の名前があったことが思い出されるし、鶴沢の池は、鶴の連想から羽衣伝説と結びつく。また、東大寺二月堂の「お水取り」行事の松明《たいまつ》に用いる竹は、毎年この地から運ばれるとのことで、古来名産地だった。

伊勢神宮創祀の前段として、ヤマトヒメの巡歴があったことは、よく知られている。崇神紀六年、それまでは皇居大殿のうちに倭大国魂《やまとおおくにのみたま》と併祭していたアマテラスを、トヨスキイリヒメが託《つ》いて大和笠縫に遷《うつ》し、ついで垂仁紀二十五年三月、今度はトヨスキイリヒメに替わってヤマトヒメが託いて、笠縫から伊勢へと遷移する。ヤマトヒメとは、前述したごとく、ヤマトタケルが東征の途次に立ち寄り、心中の苦衷を訴えて草薙の剣を賜った、彼の叔母である。

（二十五年）三月の丁亥の朔丙申に、天照大神《あまてらす》を豊耜入姫命《とよすきいり》より離《はな》ちまつりて、倭姫命《やまとひめ》に託《つ》けたまふ。爰《ここ》に倭姫命、大神を鎮め坐《ま》させむ処を求めて、菟田《うだ》の筱幡《ささはた》に詣《いた》る。更に還《かへ》りて近江に入りて東《ひむがしのかた》美濃を廻《めぐ》りて、伊勢国に到る。時に天照大神、倭姫命に誨《をし》へて曰はく、「是の神風の伊勢国は、常世の浪の重浪帰《しきなみよ》する国なり。傍国《かたくに》の可怜《うま》し国なり。是の国に居らむと欲《おも》ふ」とのたまふ。故、

山本の月読神社の隼人舞とその楯（（財）古代学協会ＨＰより）

東大寺三月堂のお水取り

大神の教の随《まま》に、其の祠《やしろ》を伊勢国に立てたまふ。因りて斎宮を五十鈴の川上《かはのほとり》に興《た》つ。是を磯宮と謂ふ。則ち天照大神の始めて天より降《くだ》ります処なり。

アマテラスの神体を奉じ、その鎮座地を求めて各地を巡幸、御杖代の役割を果していたことを、垂仁紀ではこのように簡略に記すのみだが、鎌倉時代になって伊勢外宮の神官度会《わたらい》氏が著した『倭姫命世記』は、以下のように詳述する。

御間城《みまき》入彦《いりひこ》五十《い》瓊《に》殖天皇《えのすめらき》（崇神）、即位六年己丑《つちのとうし》秋九月、倭《やまと》の笠縫邑《かさぬひのさと》ニ就《つ》キテ、殊ニ磯城《しき》ノ神籬《ひもろき》ヲ立テテ、天照太神及ビ草薙剣ヲ遷シ奉ル。皇女豊鋤入《ひめみことよすきいり》姫命ヲシテ斎リ奉《まつ》ラシム。其ノ遷シ祭ル夕部ノ宮人皆参リテ、終夜《よもすがら》宴楽《とよのあかり》シ歌ヒ舞フ。然ル後太神ノ教《みことのり》ニ随ヒテ、国国処処ニ大宮処ヲ求メ給へリ。天皇ヨリ以往《いくさき》九帝、殿ヲ同ジクシ床ヲ共ニス。然シテ漸クニ其ノ神ノ勢《いきをひ》ヲ畏《をそ》ル。共ニ住ムコト安カラズシテ、改メテ斎部《いんべ》氏ヲシテ、石凝姥《いしこりとめ》神ノ裔・天目一箇《あめのまひとつ》ノ裔ノ二氏ヲ率ヰ、更ニ鏡・剣ヲ鋳《き》造《つく》リテ、以テ身ヲ護ル御璽《おんしるし》ト為ス。是レ今、践祚《あまつひつぎ》ノ日ニ所献《たてまつ》ル神璽ノ鏡・剣是レ也。

三十九年壬戌《みずのえいぬ》、但（丹）波吉佐（与謝）宮ニ遷幸《みゆき》ナリマシテ、四年を積《へ》テ斎《いつ》キ奉ル。此従《ここよ》リ更ニ倭《やまとの》　国ヲ求メ給フ。此ノ歳、豊宇介《とようけの》神天降リ坐《ま》シテ御饗《みあへ》ヲ奉ル。

四十三年丙寅《ひのえとら》、倭（大和）国の伊豆加志《いつかしの》（厳橿）本宮ニ遷リタマヒ、八年斎キ奉ル。

五十一年甲戌《きのえいぬ》、木（紀）乃国の奈久佐（名草）浜宮ニ遷リタマヒ、三年ヲ積《ふ》ルノ間斎キ奉ル。時ニ紀ノ国造、舎人紀麻呂ト良キ地口御田ヲ進ル。

五十四年丁丑《ひのとうし》、吉備国ノ名方浜宮ニ遷ル。四年斎キ奉ル。時ニ吉備ノ国造、采女吉備都比売、又地口御田ヲ進ル。

五十八年辛巳《かのとみ》、倭《やまと》ノ弥和《みわ》（三輪）ノ御室《みむろの》嶺上宮ニ遷リタマヒ、二年斎キ奉ル。是ノ時、豊鋤入姫命、「吾《あれ》日足リヌ」ト白《の》リタマヒキ。尓《そ》ノ時、姪《いもうと》倭比売命《やまとひめのみこと》ニ事依《よ》サシ奉リ、御杖代《みつえしろ》ト定メテ、此従《ここよ》リ倭姫命、天照太神ヲ戴キ奉リテ行幸《みゆき》ス。

つまり、こちらは、ヤマトヒメがトヨスキイリヒメからバトンを受けて正式に御杖代になるのは、五十八年辛巳、三輪御室嶺上宮からで、以後、その遷幸の経路は、六十年大和国宇多秋宮→佐佐波多宮→六十四年伊賀国市守宮→六十六年同国穴穂宮→垂仁天皇二年同国敢（阿閇）都美恵宮→四年淡海（近江）甲可（賀）日雲宮→八年同国坂田宮→十年美濃国伊久良河宮→十四年尾張国中嶋宮→伊勢国桑名野代宮→十八年同国阿佐加藤方片樋宮→二十二年飯野高宮→佐佐牟江宮→二十五年伊蘓宮→二十六年五十鈴宮というふうに、いちだんと詳細になる。

　ここで注目すべきは、『日本書紀』では大和笠縫の次は菟田《うだ》の筱幡《ささはた》に遷っているのに対して、三十三年後、大和からは遠く離れた丹波与謝宮（籠《この》神社）に遷幸し、その後も紀伊、吉備国と、大和（檉原、三輪）とのあいだを行ったり来たりしながら、ようやく菟田の筱幡に到り、最終的に五十鈴宮に遷座したのは、じつに八十六年も後だったことである。ここに与謝宮が出てくるのは、言うまでもなく、丹波のトヨウケ神を伊勢外宮に勧請したこととかかわる。また、紀伊、吉備と当時の有力国（共に海人族が栄えていた）を廻ったのは、両国が皇威の宣布を受け入れ、アマテラスの威光に服したことを示していよう。

　そして、菟田の筱幡から先の経路は、壬申の乱で天武天皇の軍隊が進軍した経路と見事に重なっているのは、伊勢神宮の創祀がじつは後年天武・持統朝によって推進されたことの有力な証拠になる。

## 「水の女」とキサキ

話を戻そう。思うに天皇家の祖神としてのアマテラスを大和から遷したのは、世の中が進んで祭政分離の時代を迎えたからだろう。最終的な鎮座地を伊勢としたのは、そこが「常世の重浪帰《よ》する」海人族の根拠地で、今後開拓をめざすべき東国と結ぶのに最適地だったからだ。

伊勢神宮の創始については、これまでさまざまな議論があったが、日祀部の設置以降、それまでの忌部氏に替わって宮廷での祭祀に発言力を増した、中臣氏の指導によるとの見解が定説化している。それにしても、アマテラスを祀る内宮のほかに、なぜ外宮を設けてトヨウケ神を祀っているのか。また、太陽神を祀る伊勢神宮に、外宮とはいえ、月読神社を祀っているのは、なぜなのだろうか。

ここで私の推論を言うと、『太神宮諸雑事記』の筆録者が伊勢神宮の創祀を語るにあたって、奈具社の羽衣伝説を思い浮かべたのは、その前段で、皇后のサホヒメから実兄サホヒコと通じたことを告白されて怒った垂仁天皇が、両者を火攻めにして討った際、サホヒメが皇子のホムチワケを丹波道主の娘五人に託して育ててくれるよう遺言し、それを肯《がえ》んじた天皇がその五人の娘を呼んだという、垂仁紀の左の一節に引き寄せられたからではなかったろうか。

　十五年の春二月の乙卯の朔甲子に、丹波の五《いつとり》の女《をみなめ》を喚して、掖庭《うちつみや》に納《めしい》る。第一《あね》を日葉酢媛《ひばすひめ》と曰ふ。第二を渟葉田瓊入媛《ぬはたにいりひめ》と曰ふ。第三を真砥野媛《まとのひめ》と曰ふ。第四を薊瓊入媛《あざみにいりひめ》と曰ふ。第五を竹野媛《たかのひめ》と曰ふ。
　秋八月の壬午の朔に、日葉酢媛を立てて皇后《きさき》としたまふ。皇后の弟《いろど》の三《みたり》の女を以て妃《みめ》としたまふ。唯《ただ》し竹野媛のみは、形姿《かたち》醜きに因りて、本土《もとのくに》に返しつかはす。則ち其の返しつかはさるることを羞ぢて、葛野《かづの》にして、自ら輿《こし》より堕ちて死《みまか》りぬ。故《かれ》、其の地《ところ》を号《なづ》けて堕国《おちくに》と謂ふ。今弟国《おとくに》と謂ふは訛《よこなば》れるなり。皇后日葉酢媛命は、三の男《みはしらひこみこ》と二の女《ふたはしらひめみこ》とを生《あ》れます。第一《あに》をば五十《い》瓊敷入彦命《にしきいりひこのみこと》と曰す。第二《つぎ》をば大足彦尊《おおたらしひこ》と曰す。第三《つぎ》をば大中姫命《おおなかつひめ》と曰す。第四《つぎ》をば倭姫命《やまとひめ》と曰す。第五《つぎ》をば稚城《わかき》瓊《に》入彦《いりびこ》命と曰す。

タカノヒメの名が出ていることが注意されるうえに、ヒバスヒメが生んだ三男二女のなかに、ヤマトヒメがいるのである。

時を定めて異郷から来訪する「まれびと」の観念を古代研究の根幹に据えた折口信夫に、「水の女」と題する有名な論文がある。すなわち、その来臨する神を迎え、神の嫁となってミソギに奉仕し、水の呪術を施すのが「水の女」で、彼はそれを次のように説明した。

常世からくるみづは、常の水より温いと信じられて居たのであるが、ゆとなると更に温度を考へる様になつた。ゆは元、斎《ユ》である。（中略）ゆかはの前の姿は、多くは海浜又は海に通じる川の淵などにあつた。村が山野に深く入つてからは、大河の枝川や、池・湖の入り込んだ処などを撰んだやうである。そこにゆかはだな（湯河板挙）を作つて、神の嫁となる処女を、村の神女（そこに生れた者は、成女戒を受けた後は、皆此資格を得た）の中から選り出された兄処女《エヲトメ》が、此たな作りの建て物に住んで、神のおとづれを待つて居る。

棚作りの建物に住み、やがて訪れる神に着せる機《はた》を織っているのが機織姫で、これがのちに中国伝来の天の川の織女星と同一視されるに至る。折口に言わせると、みぬま・みぬは・みつは・みつめ等等、「みづ」を語幹とするミソギの神々はもとより、タマヨリヒメ、イワナガヒメやコノハナサクヤヒメ、そして白山の主神に据えられたキクリヒメも、この類だという。

折口がユニークなのは、ここからさらに論を転じて、皇后の発生もここに求められ、大嘗祭の真床襲衾《まどこおふすま》行事は新天皇にその資格を与えるため、「水の女」が「ゆ」の中で、「みづのひも」を解き、新たな霊魂をいわいこめるために同衾したことの反復であるとしたことだが、私がここで折口の「水の女」を引くのは、彼がこれを出雲国 造《いづものくにのみやつこのかむよごと》神賀詞の「をちかたのふる川岸、こと方のふる川ぎしに生立若水沼間の、いやわかえに、見若えまし、すゝぎふるをとみの水のいや復元に、み変若まし……」に登場する筑紫水沼神や、海人族の祖神の宗像神などと並べて、丹後比沼山の真奈井に現れた女神の例を挙げているからだ。

丹後国風土記逸文の「比沼山」の事。ひちの郷に近いから、山の名も比治山《ヒヂヤマ》と定められてしまうてゐる。丹波の道主ノ貴《ムチ》を言ふのに、ひぬま（氷沼）の……と言ふ風の修飾を置くから見ると、ひぬまの地名は、古くあつたのである。此ひぬまも、みぬまの一統なのであつた。（中略）みぬま・みつは・みつま・みぬめ・みるめ・ひぬま。此だけの語に通ずる所は、水神に関した地名で、此に対して、にふ（丹生）と、むなかたの三女神が、あつたらしい事だ。
丹後の比沼山の真名井に現れた女神は、とようかのめで、外宮の神であつた。即、其水及び酒の神としての場合の、神名である。此神初めひぬまのまなゐの水に浴してゐた。阿波のみつはのめの社も、那賀郡のわなさおほその神社の存在を考へに入れて見ると、ひぬま真奈井式の物語があつたらう。出雲にもわなさおきなの社があり、あはきへ・わなさひこと言ふ神もあつた。阿波のわなさ・おほそとの関係が思はれる。丹波の宇奈韋《ウナイ》神が、外宮の神であることを思へば、酒の水即、食料と

しての水の神は、処女の姿と考へられても居たのだ。此がみつはの一面である。（中略）
前に述べかけた阿波のわなさおほそは、出雲に来経たわなさひこであり、丹波のわなさ翁・媼も、同様みぬまの信仰と、物語とを撒いて廻つた神部の総名であつたに違ひない。養ひ神を携へあるいたわなさの神部は、みぬま・わなさ関係の物語の語りてゞもあつた。（中略）
私は実の処、比沼のうなゐ神は禊ぎの為の神女であり、其仕へる神の姿をも、兼ね示す様になつたものと信じてゐる。丹波ノ道主ノ貴《ムチ》の家から出る「八《ヤ》処女《ヲトメ》」の古い姿なのである。此神女は、伊勢に召されるだけではなかつた。宮廷へも、聖職奉仕に上つてゐる。此初めを説く物語が、さほひめ皇后の推奨によるものとしてゐたのである。

そして、天の羽衣にも言及して、次のように述べる。

七処女の真奈井の天女・八処女の系統の東遊《アヅマアソビ》天人も、飛行《ヒギヤウ》の力は、天の羽衣に繫つてゐた。だが私は、神女の身に、羽衣を被るとするのは、伝承の推移だと思ふ。神女の手で、天の羽衣を着せ、脱がせられる神があつた。其神の威力を蒙つて、神女自身も神と見なされる。さうして神・神女を同格に観じて、神を稍《やや》忘れる様になる。さうなると、神女の、神に奉仕した為事も、神女自身の行為になる。天の羽衣の如きは、神の身についたものである。神自身と見なし奉つた宮廷の主の、常も用ゐられるはずの湯具を、古例に則る大嘗祭の時に限つて、天の羽衣と申し上げる。後世は「衣」と言ふ名に拘つて、上体をも掩ふものとなつたらしいが、古くはもつと小さきものではなかつたか。ともかく禊・湯沐みの時、湯や水の中で解きさける物忌みの布と思はれる。

すなわち、アマテラスの御杖代であり、ヤマトタケルの叔母であったヤマトヒメが、垂仁天皇に嫁いだヒバスヒメの娘ヤマトヒメと同一人物であったとすれば、ここで伊勢と丹後王国とは結ばれ、伊勢に鎮座するまでヤマトヒメがアマテラスとともに巡歴したのも、内宮にトヨウカノメ（豊受神）を勧請して、アマテラスに御饌を進上するのも、丹後の奈具社羽衣説話を踏まえ、あるいはそれにあやかったものであることが確実視されてくる。

そして、ヒバスヒメの妹にタカノヒメがいて、彼女は姿が醜いので返されたという説話が、コノハナサクヤヒメの姉イワナガヒメが返されたとする話と酷似していることに加えて、前に示したごとく、『古事記』では垂仁天皇の后に迦具夜比売命の名が、二代前の開化天皇妃にタカノヒメの名があることが、その孫に大筒木垂根王、讃岐垂根王の名前まであることが、特別に注意されてくるのである。

## 間人《はしひと》皇后と麻呂子王伝説

ついでなので、先に触れた穴穂部間人《はしひと》皇后と麻呂子王伝説についても、一言しておこう。丹後にはどうして、この二人の伝承が残されているのか。両者の関係は、いかなるものなのか。

『新撰姓氏録』左京皇別上は、「間人《はしひと》宿禰は、仲哀の子・誉屋別命《ほむやわけのみこと》の後也」とする。誉屋別命は、息長帯比売が生んだ品夜和気命のことだ。欽明の第三皇女で、用明とのあいだに、厩戸皇子（聖徳太子）、来目皇子、殖栗《えくり》皇子、茨田《まんだ》皇子を生んだ穴穂部間人《はしひと》（泥部）皇后も、間人宿禰と関係があったろうか。

間人《はしひと》とは土師人《はじひと》の意で、泥は土と同じ。葬礼、陵墓や土器、埴輪の製作に携わった土師氏が旧姓で、賤称とみなされていることを忌んで改姓を申し出た結果、『続日本紀』延暦九年（七九〇）条には「土師宿禰諸士《もろじ》に大枝《おおえ》朝臣の姓を与えた」とある。大枝は、山城国乙訓郡大枝郷を本拠としたことに由来し、この大枝は貞観八年（八六六）に大江と改めている。大江山（大枝山）は丹波と山城の国境で、有名な大江山の鬼退治伝説の地である。

大枝（大江）氏を含む土師氏の遠祖は、天穂日命。その天穂日命の一四世孫の野見宿禰が、垂仁皇后のヒバスヒメ葬儀の折、殉死の替わりに埴輪を埋めることを進言したときのことが、垂仁紀三二年七月に次のように書かれている。

天皇《すめらみこと》（垂仁）、厚く野見宿禰の功を賞《ほ》めたまひて、又鍛地《かたしところ》を賜ふ。即ち土部《はじ》の職《つかさ》に任《ま》けたまふ。因《よ》りて本姓を改めて、土部臣《はじのおみ》と謂ふ。是、土部連等、天皇の喪葬《みはぶり》を主《つかさど》る縁なり。所謂《いはゆ》る野見宿禰は、是土部連等が始祖なり。

前述したように、ヒバスヒメは丹波道主《たにはのみちぬし》の娘だから、ここで土師氏と結ばれる。『丹後旧事記』は、用明即位二年（五八七）、穴穂部皇子が蘇我馬子に狙われて、丹後の間人村に逃れたことと、間人村は穴穂部間人皇女の領地である旨を記している。穴穂部皇子は穴穂部皇后の同父母弟で、『日本書紀』は用明が崩御した年に「馬子が炊屋姫《かしきやひめ》（敏達の皇后、のちの推古天皇）に穴穂部皇子及び宅部皇子追討の命を出させ、穴穂部の屋敷を囲ませ、穴穂部皇子を殺し、翌日、宅部皇子を殺した」と記載する。

この穴穂部皇子は、炊屋姫を犯そうと、先帝敏達の殯宮《もがりのみや》に這入ろうとしたが、先帝の寵臣三輪君逆《みわのきみさか》が兵に門を固めさせ、殯宮に入れなかった、あの穴穂部である。つまり、彼は用明が即位する前から皇位を狙っていたことになる。

加えて、穴穂部皇后は、用明没後に、今度は用明と堅塩媛《きたしひめ》（蘇我稲目の娘）とのあいだに生まれた多目皇子（用明第一皇子）の妃になっており、多目とのあいだに佐富《さほ》女王が生まれている（字は異なるが、開化記には丹波道主の従兄弟として狭本毘古《さほびこ》の名が載る。垂仁天皇皇后のサホヒメとは兄妹で、実の兄妹が通じたことで、天皇から討伐軍をさしむけられ、逃げ延びた伊予で心中したことは前述した）。

どれも伝承だから、即歴史的な事実というわけではないが、これに類したことはあったのであろう。なんともすさまじい血縁同士の暗闘である。聖徳太子が十七条憲法の第一条に、「和を以って貴しとなす」を掲げたのは、達せられるべくもない悲願だったからこそと同情する。

それはさておいて、次に麻呂子王伝説についてだが、地元では聖徳太子の異母弟当麻《たいま》皇子（母は葛城広子）の鬼（土蜘蛛）退治伝説として通っているとのこと（大江山の酒呑童子退治伝説はここから派生）。用明天皇の御世、丹後国三上ヶ嶽（現大江山）に、英胡、軽足、土熊の三鬼を首領とする鬼がたくさん棲んでいた。朝廷は麻呂子親王を大将軍とする官軍を派遣して攻め入るが、敵は妖術を使って討ち果たせそうにない。そこで親王は七体の薬師如来像を彫って勝利を祈願、無事勅命を果たした。麻呂子王開基を称する七薬師寺は、それにちなんでいる……。

しかし、この伝説は比古坐王の土蜘蛛退治伝説をもとに後世作為したものではないかと、私は疑っている。当麻皇子は大和葛城の当麻寺の開基として知られるが、野見宿禰との相撲に負けて土地を没収されたのが、当地の当麻蹴速《たいまけはや》だったからである。

しからば、この麻呂子王は誰を指したかといえば、この時代その名は皇子の普通名詞に近く、有資格者は、二十八代宣化の子上殖葉《かみつうえは》皇子（別名椀子《まろこ》皇子）、三十代敏達の子押坂彦人皇子、三十一代用明の子椀子皇子（推古の同母弟）と複数いるから、当麻皇子を含めたこれら四人の麻呂子王の皇位継承争いが伝説の元だったのではないだろうか。

# 第2章　ワニ氏・尾張氏・息長氏

## 国宝海部氏系図

ここで、改めて丹後王国の系譜を調べてみよう。記紀を読み解きながら、一〇七頁に系図Aを作成してみた。

また、これとは別に、比古《ひこ》（日子）坐王《いますおう》と沙本之大闇見戸比売《さほのおほくらみとのひめ》との間から、前述のサホヒコ・サホヒメ兄妹が生まれ、袁祁都比売《おざつひめ》との間からは、同頁B図のような息長帯比売命《おきながたらしひめのみこと》に至る息長一族の系譜も発生している。

記紀で相違があり、名前も表記も異なるなど、甚だ錯綜していて、とうてい手に負えそうにないのだが、両方の系図を見くらべて、気づいたことを列記する。前もってお断りしておくと、私は記紀が記すこの系譜が史実であったかどうかを問題にするのではない。そうではなくて、それが正しいか否かにかかわらず、こうした込み入った伝承の存在を認めるか作為して、辛抱強く記録にとどめた、その背景と心意、並びにそれがどのような構想と願望に基づくものであるかを探りたいのである。

旦波大県主由碁理《たにはのおおあがたぬしのゆごり》は、令制下で県主の名を負っているのだから、すでに大和王朝とは固く結ばれていた。由碁理は湯凝り、湯垢離に通じ、孫の由牟須美《ゆむすび》は湯産隅の表記もあるから、鍛冶や金属加工、生誕儀礼にかかわる一族だったことが確実である。

比古坐王《ひこいますおう》（垂仁紀は、丹波道主命）は、崇神紀十年九月、四道将軍の一人として旦波に派遣されたとある。その母は、海人族のワニ（和邇）氏。妻の息長水依比売《おきながみずよりひめ》が息長氏だったことから、以後、息長氏とも結ばれる。息長水依比売という名は、まさに「水の女」の一族であることを表している。

息子の丹波比古《たにはのひこ》多多須美知宇斯《たたすみちうし》王《おう》は丹波道主王に同じ。五人の娘を後宮に入れたのが彼で、その妻丹波河上之《たにはのかわかみの》摩《ま》須郎女《すらいらつめ》は、お隣り但馬国との境に位置する丹波国熊野郡川上郷の女酋。この地が重要なのは、但馬海岸から若狭湾に至る海人族を支配した古代氏族海部直《あたい》の本拠地がここだからである（藤原茂樹「海人流転の事その他」）。

後述するように、神功皇后はあくまでも架空の存在だから、こうして息長帯比売命の存在を導き出す気の遠くなるような努力には感嘆するのみだが、その要の位置に比古坐王と息長宿禰王がいることを確認しておこう。

ややこしいだけの、しかもあてにはならない古代の系図のことが続いて恐縮だが、ここで籠《この》神社に伝わる海部《あまべ》氏の系図（本系図と勘注系図の二巻）のことにも触れておかなくてはならない。もっとも、こちらの本系図は従四位下籠明神三十三世海部直稲雄が、平安初期の貞観年間、丹後国庁に提出したわが国最古の竪系図で、勘注系図とともに古態を保っていることから、昭和五十一年に国宝の指定を受けているくらいだから、無価値というのではない。

これを見ると、始祖は火明命《ほあかりのみこと》で、三世孫が倭宿禰命《やまとすくねのみこと》。あとは、十八世健振熊宿禰《たけふるくまのすくね》まで飛んで、次の海部都比から二十四世までは海部直姓が記されている。伴造として丹波国の海部を管掌していた時代である。二十五世からは海部直姓の下に「祝《はふり》」の字が付き、籠神社の祝として奉仕していた年数が書いてあるので、この頃から籠神社の祭祀に関係したことが分かる。

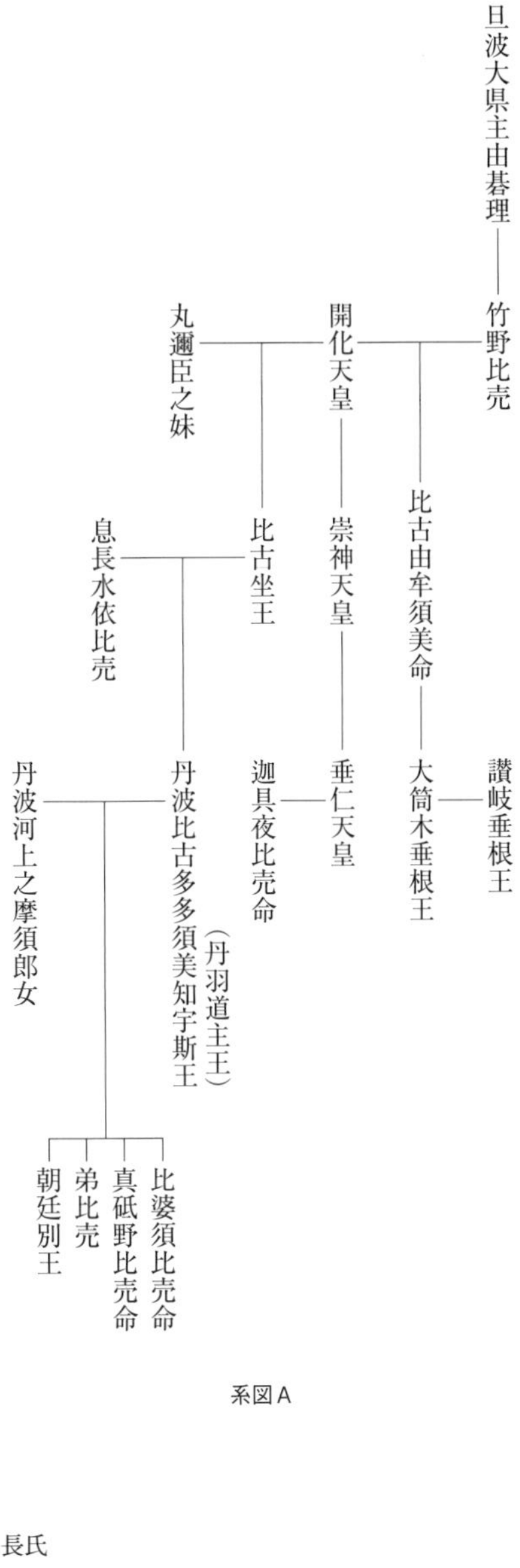
旦波大県主由碁理
竹野比売
開化天皇
丸邇臣之妹
比古由牟須美命
崇神天皇
比古坐王
息長水依比売
讃岐垂根王
大筒木垂根王
垂仁天皇
迦具夜比売命
丹波比古多多須美知宇斯王
（丹羽道主王）
丹波河上之摩須郎女
比婆須比売命
真砥野比売命
弟比売
朝廷別王

系図A

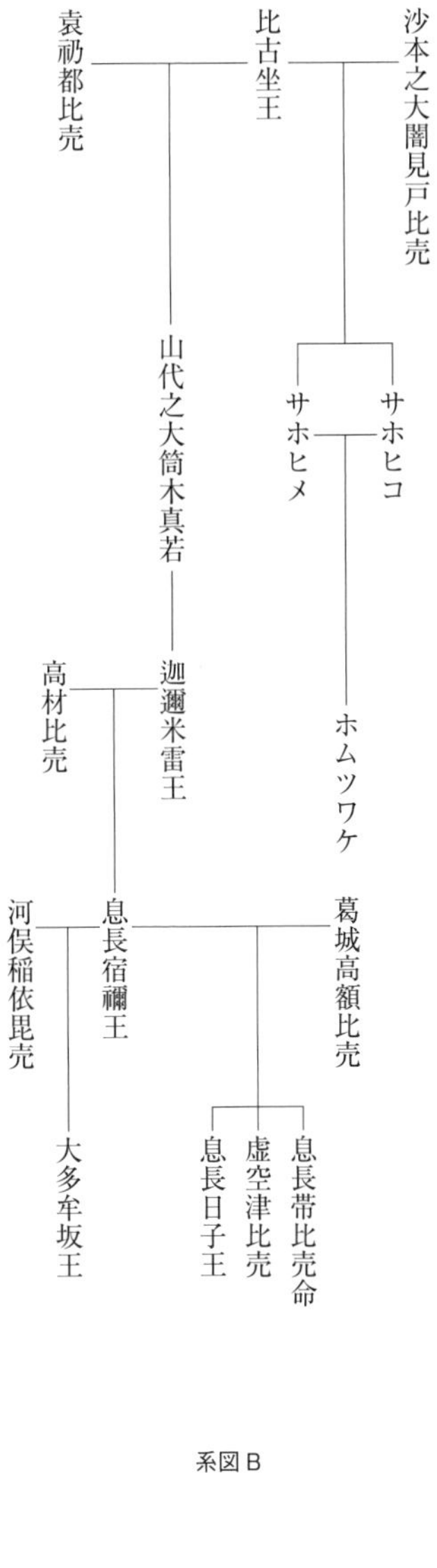
沙本之大闇見戸比売
比古坐王
袁祁都比売
サホヒコ
サホヒメ
ホムツワケ
山代之大筒木真若
迦邇米雷王
高材比売
葛城高額比売
息長宿禰王
河俣稲依毘売
息長帯比売命
虚空津比売
息長日子王
大多牟坂王

系図B

倭宿禰命は、神武東征で天皇が速吸門《はやすいのと》に来たときに出現して、海上の案内をした塩土老翁《しおつちのおきな》（椎根津彦）の別名。釣針を紛失した山幸に、海中の綿津見の宮を訪ねることを教えたときにも登場した。いわば、海人族の頭領で、神武が大和朝廷を樹立した際、その功績により、倭国造に任じられた。

健振熊宿禰は、ワニ（和邇）氏の祖として知られるが、ここでは品田《ほんだ》（応神）天皇の世に海部直姓を賜り、国造として仕えたことが注されている。『古事記』では、神功・応神側の将軍として、忍熊王の乱を鎮圧した人物（『日本書紀』での名は建内宿禰）だ。

他方、勘注系図は、概略、以下のように記す。すなわち、「天照大神の子である天押穂耳尊の子、彦火明命は高天原にいたとき、大己貴の娘、天道日女命を娶り、その後、丹後国の伊去奈子嶽に降臨した。そして、五穀や桑虫《くわこ》などの種をもたらし、真名井を掘り、その水で水田陸田を開発した。これを天照大神がご覧になってたいそう喜ばれ、以来、この地を田庭と呼ぶようになった。田庭が丹波となった」と、記紀の天孫日向高千穂降臨を否定し、さらに、「天祖が二種類の神宝、息津鏡と辺津鏡を火明命に授け、葦原の中つ国の丹波国へ降臨し、この神宝を奉斎して速やかに国土を修造せよと命じた。火明命は命を受け、丹波の国の凡海息津嶋に降臨した」と、まるきりお株を奪い取ってしまっている。

ちなみに、籠《この》神社の神殿の奥深くに約二千年のあいだ、代々守られてきたこの伝世鏡（地中から発掘されたのではない古代鏡）は、樋口隆康氏の鑑定によると、中国の前漢・後漢時代のものとのことだから、なにやら真実味がある。

安曇（阿曇）氏が海人族のはしりであったことは、前述した。その後に海人族の雄として勢力を伸ばしたのが、この海部氏と後述するワニ氏である。海部氏は、丹後国の海部直氏はもとより、全国の支族を束ねる太古以来の大海人一族。前述したごとく、応神紀三年十月条に、安曇連の祖である大浜宿禰が海人の騒ぎを鎮めて海人の宰になったことが記され、同五年八月条には「諸国に令し、海人及び山守部を定む」、『古事記』には「此の御代に、海部、山部、山守部、伊勢部を定め賜ひき」とあるから、このときまでに、以前は未組織だった津々浦々の海民が、海部の名のもとに再編成されたのであろう。

各地の海部氏所在地は、筑前、肥前、豊前、壱岐、対馬、阿波、淡路、紀伊、長門、備前、備後、備中、安芸、播磨、隠岐、出雲、因幡、但馬、丹後、摂津、伊勢、尾張、三河、遠江、上総、信濃、若狭、越前、角鹿、佐渡など。西日本を中心に、およそ海に面している国なら（信濃のように、海のない国さえある）、くまなく存在するといっていい。

なかでも、海部直氏はもっとも有力な支族で、丹後国のほかに肥前、豊後、出雲、隠岐、因幡、但馬、吉備、播磨、阿波、紀伊、尾張、三河、越前等に分布した。彼らは海や川の近くに集落を構えて、ふだんは漁撈や製塩を営んだり、水上交通に従事したのであろうが、ひとたび合戦が起これば、戦闘にも動員された。

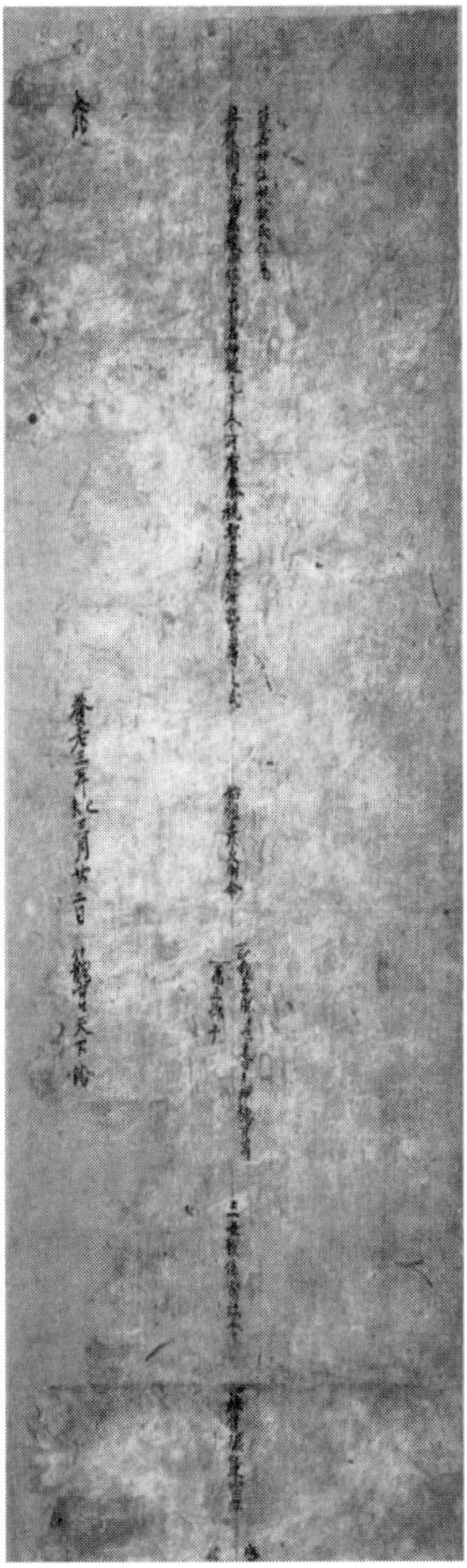

海部氏本系図

大化前代、ことに倭の五王の時代は、朝鮮半島との交渉が活発だった。通商のみならず、兵役に動員されて、高句麗や新羅と闘ったこともあったかもしれない。安曇比羅夫、阿倍比羅夫は、彼等を率いて戦闘の指揮をとった将軍であった。

## ワニ氏と応神天皇

海部氏と並ぶ海人族の雄が、ワニ（和邇）氏である。この豪族が栄えた五世紀末から六世紀にかけて、日祀部や日置部が置かれ、天武・持統期に太陽信仰は絶頂を迎える。それは、当然のことに、皇祖や天皇家の隆盛と軌を一にしていた。

ワニ氏発祥の地は、若狭のワニカイトと言われており、ここでは今も瑪瑙《めのう》を産する。この付近からは近江に入る道があって、一般に若狭街道と呼ばれている。近江からは、山城の高野川、木津川に沿って、大和へと向かう道が通じている。東大寺二月堂のお水取りに先立って、毎年三月二日、同地の若狭井からお水送りをする。古代から、丹波、若狭、近江と大和とは、深く結ばれていたのである。

しかし、このワニ氏の名は、継体・欽明朝になると、忽然と消えてしまう。そのわけは、大和の和《わ》爾《に》の地からほど近い春日に本拠が移ったのち、事実上、春日氏に吸収されてしまったからだろうと言われている。この春日氏の同族に大宅、粟田、小野、柿本氏らがいて、後年小野氏からは妹子、篁、道風らが、柿本氏からは人麻呂らが輩出する。湖西の比良山に近い現志賀町小野の和邇中には、今も氏神の小野神社が鎮座している。

ワニ氏については、岸俊男著『ワニ氏に関する基礎的考察』、角川源義著『まぼろしの豪族和邇氏』、黒沢幸三著『ワニ氏の伝承』と、先学による研究の蓄積があるので、それらによりながら、以下にポイントを押さえておく。

ワニ氏の祖とされる天足彦国押人命《あめたらしひこくにおしひと》の母は、尾張連の出身。尾張連は『尾張国熱田太神宮縁起』に「海部是尾張氏別姓也」とあって、伊勢湾沿岸地帯を本拠とする海人族を支配していた大豪族であった。

思えば、ワニ氏とは、妙な呼称である。岸俊男氏はワニ氏が本拠とする大和和爾の地名に注目しながらも、一族の名が地名に由来するものか、はたまた氏族名が地名になったのかに関しては沈黙したままだったが、角川源義氏はそれを一歩進めて、水に関係の深い氏族であるワニ氏が、動物の鰐と無関係だったろうかと問い返し、鰐が古くから佐比持の神（佐比はすぐれた鋤の意）とされていたことを指摘、出陣の際、和邇坂に忌瓮《いわいべ》を掘りすえて、この神を祀ったことに注意を向けた。

鰐由来説を断言するのは黒沢幸三氏で、はるか南方海上から八重の潮路をかきわけてこの列島に到着したのがワニ氏の祖で、とうの昔に同地で潮の香りを失い、農業を中心に静かに暮らしている末裔たちを指して、「陸封の生涯」とまで呼んだ。

このワニ氏は応神、反正、雄略、仁賢、継体、欽明、敏達の七天皇に計九人の后妃を入れており、これは前代の葛城氏、後代の蘇我氏に匹敵する。

『古事記』に採録されているワニ氏に関わる伝承を、抜き書きする。

一　丸邇《わに》臣の祖日子国夫玖命《ひこくにふくのみこと》が、大毘古命に従って、和邇坂に忌瓮《いわいべ》を掘りすえ、山背《やましろ》の建波邇安王《たけはにやすおう》を木津川の戦に忌矢で破り、叛乱を鎮める。（崇神記）

二　丸邇臣の祖難波根子建振熊命が、神功皇后の命を受けて将軍となり、山背で忍熊王と対戦し、近江に追撃して攻め殺す。（仲哀記）

三　応神天皇の近江行幸の時、山背宇治の木幡《こはた》で丸邇の比布礼能意富美《ひふれのおおみ》の女《むすめ》、矢河枝比売《やかわえひめ》を娶《めと》る。（応神記）

四　仁徳天皇が八田郎女《いらつめ》を寵愛したのを怒って山背筒木に行った磐之媛《いわのひめ》皇后を呼び戻すため、丸邇《わにの》臣口子《おみくちこ》が遣わされ、その妹と共に苦労する。（仁徳記）

五　雄略天皇が丸邇の佐都紀臣《さつきのおみ》の女、袁抒比売《おとひめ》を婚《よば》いに行く。（雄略記）

一、二で祖先の功業を讃えているのは、『古事記』編纂時、稗田阿礼と共に、天武天皇の舎人《とねり》だったと思われる和珥部臣君手《わにべのおみきみて》の関与が推測されている。説話の舞台は、山背、近江と内陸部ではあるものの、海人族の出身らしく、木津川、淀川、宇治川、琵琶湖と、水系に縁が深い。また、三、四は歌謡をともなっており、そこに引かれている歌詞は、きわめて興味深い。三の応神記から見てゆく。

この蟹や　何処《いづく》の蟹　百伝《もも》ふ　角鹿《つぬが》の蟹　横去らふ（横這いをして）　何処《いづこ》に至る　伊知遅《いちぢ》島（竹生島か）　美島《みしま》（沖島か）に着き　鳰鳥《みほどり》の　潜《かづ》き息づき　階《しな》だゆふ（段々坂の）　楽浪道《ささなみぢ》を　すくすくと（ずんずんと）　我がいませばや　木幡の道に　逢はしし嬢子《をとめ》　後では　小楯《をだて》ろかも　歯並みは　椎菱なす　櫟井《いちひゐ》の　丸邇坂《わにさ》の土《に》を　端土《はつに》は　膚《はだ》赤らけみ　底土《しはに》は　に黒きゆゑ　三栗《みつぐり》の　その中つ土《に》を　頭《かぶ》衝く　真火には当てず　眉《まよ》画き　濃《こ》に画き垂れ　逢はしし女《をみな》　斯《か》もがと（こうなればいいなと思って）　我が見し子ら　斯くもがもと　吾《あ》が見し子に　うたたけだに（本当に十分に）　向かひ居るかも　い副《そ》ひ居るかも

まず木幡の道で出逢ったヤカワエヒメの麗しさの形容についてだが、「後では小楯ろかも」は、後ろ姿は「楯のようにすらりとしている」という解釈が一般的だけれど、「ワニの形に似て小楯のよう」、そして歯並みは、「椎の実や菱のように艶々と白い」ではなくて、「ワニの歯の鋭さを思わせて椎の実や菱のような白さだ」とする及川智早氏のそれを、私は面白く思う（「「この蟹や」歌謡試論」）。

つまり、及川氏は本来、ワニの本性を有する女神と契ることにより、祖先が生まれたとするワニ氏の始祖伝承を述べる歌謡が、ここに当てはめられたとするのだが、私が賛成するのはそこまでで、「この蟹や何処の蟹」と冒頭から蟹が登場し、角鹿（敦賀）、伊知遅島・美島、楽浪道（琵琶湖沿岸の道）、木幡と、実在する地を辿って、ワニ氏の本拠である櫟井《いちひゐ》の丸邇坂《わにさ》まではるばるやってくる道行きは、小島憲之氏、土橋寛氏、田辺幸雄氏らが言うように、『万葉集』巻十六・三八八六番の「乞食者《ほかい》詠」と似た、本来はワニ氏の伝承とは独立した歌謡が、ここに適用されたと考えたい。

土橋寛氏は、「丸邇氏の部民である越前の丸邇部の海人が、大和の丸邇氏の祝い事の場に、蟹の御贄を携えてはるばる出て来て奏したホカヒの詞章である」（『古代歌謡全注釈』古事記編）と述べていて、なるほどこの歌の詞章をよく読むと、演劇的舞踏的とも言うべき所作が連続していることが分かってくる。すなわち、祝宴の席で膳の蟹を賞味しながら鑑賞するのにふさわしく、天皇の前でワニ氏の部民が演じた可能性を否定できない。

ちなみに、崇神紀十年九月、大彦命を北陸に、武渟河別命《たけぬなかわわけのみこと》を東海に、吉備津彦を西道に、丹波道主命を丹波に遣わした、いわゆる四道将軍の記事中の左の一節は、場所も設定も驚くほど似ていて、このことを意図的に踏まえていたと思えてくる。

大彦命、和珥坂の上《ほとり》に到《いた》る。時に少女《をとめ》有りて、歌《うたよみ》して曰はく、一《ある》に云はく、大彦命、山背の平坂に到る。時に、道の側《ほとり》に童女《わらはめ》有りて歌して曰はく、

御《ミ》間《マ》城《キ》入彦《イリヒコ》はや　己が命を　弑《しい》せむと　竊《ぬす》まく知らに　姫遊《ひめあそび》すも　一に云はく、大き戸より　窺《うかが》ひて
殺さむと　すらくを知らに　姫遊びすも

是に、大彦命異《あやし》びて、童女に問ひて曰はく、「汝《いまし》が言《いひつること》は何辞《なにこと》ぞ」といふ。対《こた》へて曰はく、「言《ものい》はず。

唯歌ひつらくのみ」といふ。乃《すなは》ち重ねて先の歌を詠ひて、忽《たちまち》に見えずなりぬ。大彦乃ち還《かへ》りて、具《つぶさ》に状《ありつるかたち》を以《も》て奏す。是に、天皇の姑《みをば》倭迹迹日百襲姫命、聡《さ》明《と》く叡《さ》智《か》しくして、能《よ》く未然《ゆくさきのこと》を識りたまへり。乃ち其の歌の怪《しるまし》を知りて、天皇に言《まう》したまはく、「是、武埴安彦が謀反《みかどかたぶ》けむとする表《しるし》ならむ。吾《あれ》聞く、武埴安彦が妻吾田媛、密《ひそか》に来りて、倭《やまと》の香山《かぐやま》の土《はに》を取りて、領巾《ひれ》の頭《はし》に裹《つつ》みて祈《の》みて曰さく、『是、倭国《やまとのくに》の物実《ものざね》』とまうして、則《すなわ》ち反《かへ》りぬ。是を以て、事有らむと知りぬ。早《すみやか》に図るに非ずは、必ず後《おく》れなむ」とまうしたまふ。

香具山の土は、それで天八十《あめのやそ》平瓮《ひらか》を作って天神地祇を祀ったと、神武即位前紀にある。倭国《やまとのくに》の物実《ものざね》を盗みとることは、倭国を盗むことを意味したのである。

続いて、四の仁徳記になると、以下のような相聞も載る。

ここに天皇、その黒日売を恋ひたまひて、大后（イワノヒメ）を欺かして、淡道《あはぢ》島《しま》見まく欲りすと曰《の》りたまひて幸行でましし時に、淡道島に坐して、遥に望けまして歌ひたまひしく、

おしてるや　難波の埼よ　出で立ちて　わが国見れば　淡島　淤《お》能《の》碁《ご》呂《ろ》島　檳榔《あぢまさ》の　島も見ゆ
佐《さ》気《け》都《つ》島（離れ島）見ゆ

天皇上り幸でます時に、黒日売の献れる御歌、

大和へに　西風《にし》吹き上げて　雲離れ　退《そ》き居りともよ　我忘れめや

前者は、仁徳天皇の国見を詠んだ歌。イザナギ・イザナミ二柱の神が、天の浮橋に立って、「こお

ろこおろ」と沼矛《ぬぼこ》で海水をかき回し、その矛をひきあげたときに滴り落ちた海水が積もって島となった、それが淡路島と淤能碁呂《おのごろ》島であったという、その国生みの島々を目の前にして歌っているところは、まさに海人の王というにふさわしい。

後者は愛しい黒日売（吉備の海部直の娘）から贈られた歌で、『丹後国風土記逸文』に載る、神女が浦島との別離の際に詠んだ「大和へに　風吹きあげて　雲放れ　退《そ》き居りともよ　吾を忘らすな」は、これを踏まえている。

仁徳天皇の艶福を嫉妬したイワノヒメ皇后の歌もある。皇后が紀伊の国へ行っている留守に、八田《やたの》皇女《ひめみこ》（応神天皇とヤカワエヒメとの間に生まれた娘）を寵愛したのを怒った皇后が、高津宮を避けて通りすぎ、葛城の実家へ向かう途中で詠んだ歌だ。

即ち山代より廻《めぐ》りて、那良《なら》の山口に到り坐《ま》して、歌ひたまひしく、

つぎねふや　山代川（木津川）を　宮上り　我が上れば　青土《あおに》よし　奈良を過ぎ　小楯《をだて》　大和を過ぎ　我が　見が欲《ほ》し国は　葛城高宮　我家《わぎへ》のあたり

かく歌ひ（山城に）還りまして、暫《しま》し筒木の韓人《からひと》、名は奴理能美《ぬりのみ》が家に入り坐《ま》しき。

またしても、道行きの歌で、ここにも小楯が出て来る。筒木は竹の意で、前述した綴喜郡山本に近く、丹後の山代之《やましろの》大筒木《おおつつき》真若《まわか》王、迦邇米《かにめの》雷《いかずち》王（一〇七頁系図B参照）の裔《すえ》が支配している土地。百済からの渡来人である奴理能美の家で、「一度は匍《は》ふ虫になり、一度は殻《かひご》になり、一度は蜚鳥《とぶとり》になりて、三色に変る奇《あや》しき虫」、つまり蚕を見るために立寄ったので、他意はないと天皇に伝えると、天皇は和邇臣口子を遣わして和解のための歌を贈った。

つぎねふ　山代女《め》の　木鍬《こくわ》もち　うちし大根《おほね》　根白の　白ただむき（白いそなたの腕を）　まかずけばこそ（枕にしなかったのなら）　知らずともいはめ

養蚕に加え、付近には多多羅の地名もあるから、渡来人のコロニーとして、古くから鍛冶製鉄、金属加工がおこなわれていたのであろう。

皇后の御殿のあった筒木の宮跡には、直下に朱智《しゆち》神社が鎮座し、山代之大筒木真若王、迦邇米雷王、スサノヲ、ホアカリノミコトを祀っている。のち、越前出身（近江説もある）の継体天皇は、即位後、大和に入る前に、各地を転々とした際、この南山城の筒木（現在の京田辺市天王高ヶ峯）にも宮を構えて七年間を過ごすが、それだけの縁はあったのである。

## 尾張氏と熱田神宮

海部氏、ワニ氏と見てきて、もう一つ忘れてならない海人族の裔《すえ》に、尾張氏がいる。やはりホアカリノミコトを祖としていて、『先代旧事本紀』（旧事紀）「国造本紀」は、「天別火明命十世孫小止与命《をとよのみこと》を以て国造に定め賜う」と録し、『日本書紀』一書に「天火明命の児、天香山命、是れ尾張連等の遠祖なり」とある。

尾張氏の本拠は、尾張国年魚市県《あゆちあがた》。四、五世紀の交《こう》に、魚貝の貢進を通して大和朝廷と関係を結び、次第に有力化して、五、六世紀の交には尾張を統一、国造に任じられた。

五世紀後半、海に突き出た狭く長い熱田台地に、長径一五〇メートルにも及ぶ尾張地方最大規模の断夫山古墳が造られたが、これは熱田神宮から一キロ以内に立地していることから見て、尾張氏の古墳であると考えられ、のち熱田神宮を祀ったのであろうとされる。

尾張氏系譜の前半は大和葛城に因む人名が頻出することから、葛城本拠説（本居宣長『古事記伝』ほか）が唱えられたこともあったが、それは順序が逆で、孝昭・崇神・継体天皇に皇妃・皇女を入れたのを契機に大和朝廷との関係が深まり、葛城高尾張の地に居留地を持ったことを契機に、祖神ホアカリノミコトを天孫と結びつけようと造作したのであろうと、新井喜久夫氏が述べる（「古代の尾張氏について」）のに、私は賛同する。

連姓なのは、国造としては異例で、尾張以外にも、大和、京師《けいし》、山城、河内、近江、播磨、紀伊、備前、周防、越前、美濃、飛騨などの各地に、尾張（尾治）を名乗る豪族がいた。また、尾張という名は名乗らなくても、津守連、伊福部連、物部直、石作連、丹比宿禰、大蝮壬部首《おおたじひみぶべのおびと》、六人部連、湯母竹田連、坂合部宿禰など、『姓氏録』などに尾張氏と同族と記されているものまで加えると、その勢力圏はさらに拡大し、摂津、和泉、丹波、伊勢などにも及ぶ。これだけの広大な分布を持つ古代氏族は、他に物部氏くらいなもの。瀬戸内海沿岸、日本海沿岸に多いのは、以前から海上交通に関与していたからだろう。

十世紀以降は、尾張熱田との関係が顕著にあらわれている。尾張氏系譜にヤマトタケル、宮簀《みやず》姫《ひめ》（宮酢姫）の名は登場しないが、『熱田縁起』では、小《を》止《と》与命《よのみこと》の子、県稲種命《あがたいなたねのみこと》の妹が、ヤマトタケルの妃で、熱田神宮の創始者になるミヤズヒメである。左は『尾張国風土記逸文』の一節。

熱田の社《やしろ》は、昔、日本武尊《やまとたけるのみこと》、東の国を巡歴《へめぐ》りて、還《かへ》りたまひし時、尾張連等が遠祖《とほつおや》、宮酢《みやず》姫《ひめ》命に娶《あ》ひて、其の家に宿りましき。夜頭《よのほど》に廁《かはや》に向《い》でまして、随身《おば》せる剣を桑の木に掛け、遺《わす》れて殿に入りましき。乃ち驚きて、更《また》往きて取りたまふに、剣、光《かがや》きて神如《な》し、把《と》り得たまはず。即ち宮酢姫に謂《の》りたまひしく、「此の剣は神の気あり。斎《いつ》き奉《まつ》りて吾《あ》が形影《みかげ》と為《せ》よ」とのりたまひき。因《よ》りて社を立てき。郷《さと》に由りて名と為しき。

この後、タケルは剣を置いたまま、伊吹山の神を捕えに行くが、それにしくじったのがもとで体調を崩し、大和に帰りつけないまま、あっけなく死に至る。

『熱田縁起』に戻ると、タケル薨去後、約束どおり姫は独り御床を守り、久しく神剣を安置していたが、光彩が日に亜《つ》ぐという有様で、霊験著しく、評判になった。そこで姫は、一族を会し、わが身の衰耄を訴え、社を建て、神剣をこれに遷《うつ》すことを謀《はか》った。一同これに賛成し、社の地を占定したが、その地に楓樹一株あり、自ら炎で焼け、水田中に倒れたまま、その火焔が消えず、水田も熱した。よって熱田社と号したとのこと。

皇位のレガリア（神宝）、草薙の剣が熱田神宮に納まるまでを、何らかの伝承をもとにこう書き記したのは、いずれ熱田神宮か伊勢神宮の神官に違いあるまいが、『旧事記』にこのミヤズヒメの名前がないのは、結局のところヤマトタケルもミヤズヒメも架空の存在で、とうてい史実ではありえなかったことを明かしている。

伊吹山のくだりも、そうだろう。ただ、面白いのは、その麓に尾張氏と同族の伊福部氏の祀る伊富《いぶ》岐《き》神社が祀られていることで、伊福は「息吹《いぶき》」の謂で、「ふいご」つまり、伊福部氏が職掌とした製鉄や金属加工を意味するから、これは地元の伝承と何がしかの連絡はあったかもしれない（谷川健一著『青銅の神の足跡』参照）。

継体天皇の死後、尾張氏出身の目子媛妃所生の安閑・宣化天皇と、仁賢天皇の皇女手白香《たしらか》皇女所生の欽明天皇を代表とする大和勢力とが対立し、東国交通路の設定に影響を与えた。尾張氏側の前者は、陸路の尾張コースを取り得るが、後者の側は南伊勢から伊勢湾を横断して三河へ上陸する海路を利用しなくてはならなかった。

東国への陸路の要地に熱田神宮が、南伊勢からの海路の要地に伊勢神宮が祀られているのは、それだけ重要な意味を持っていたからだ。ことに尾張氏の活躍が目立つのは、壬申の乱においてで、天武天皇側についた功臣に、尾張宿禰大隅と尾張連馬身《まみ》がいた。

## 近江の息長《おきなが》一族

大化前代にあって、大和朝廷と若狭・丹後など日本海沿岸諸国や、尾張をはじめとする東国の諸国を繋ぐ重要な役割を果たしていたのが、近江である。この地を支配していた豪族といえば、息長《おきなが》氏に止めを刺す。この息長氏が、陰に陽に、この時代の海人族の動静と深く関係しているのである。はじめに、この息長氏について、概略を佐伯有清編『日本古代氏族事典』より紹介しておく。

近江国坂田郡（滋賀県坂田郡近江町）を本拠とする豪族。姓は真人。旧姓は君（公）。『古事記』応神天皇段に、息長君が応神皇子若野毛二俣王の子意富富杼王を祖とするとみえ、『新撰姓氏録』左右皇別にも誉田天皇（応神）の皇子稚渟毛二俣王の後とみえる。『日本書紀』天武天皇十三年（六八四）十月条に息長公ら十三氏に真人を賜姓したとある。息長氏の一族としては、『日本書紀』皇極天皇元年（六四二）十二月条に、舒明天皇の殯宮において「日継之事」を誄した息長山田公をはじめ、多くの人名が知られるが、舒明朝以前にも息長某王を称する「王族」が多くみえ、これらの人人も息長氏の一族とみられている。たとえば、『古事記』開化天皇段には、日子坐王の後裔に息長宿禰王や仲哀后で応神を生んだ息長帯比売命がみえ、また景行天皇段の倭建命と一妻の間に所生した息長田別王の後裔に、応神妃として若野毛二俣王を生んだ息長真若中比売がみえる。そして、応神天皇段には、若野毛二俣王の子に、継体天皇の曾祖父に当たる意富富杼王をはじめ、允恭后で安康・雄略の母忍坂大中比売命などがみえる。そして、継体天皇段・敏達天皇段などに、継体妃の麻組郎女と、舒明天皇の父彦人大兄の母で敏達后の広姫の父として、息長真手王の名がみえる。これらの所伝が史実とするなら、息長氏は、応神から敏達、さらには舒明・天智・天武に至る王統と深い関係にある皇親的氏族となり、そこから継体天皇の出自を息長氏に求める見解も出されているが、これらの系譜の大半が天武朝以降、息長氏によって架上されたとする見解も有力である。（大橋信弥）

これを読むだけでも、その入り組んだ系譜に頭がクラクラするが、実際はもっともっと複雑で錯綜している。それを黒沢幸三氏は、（1）ワニ氏同祖系譜、（2）日子坐王の系譜、（3）天之《あめの》日《ひ》矛《ぼこ》の系譜、（4）ヤマトタケルの系譜、（5）若野《わかの》毛《げ》二俣《ふたまた》王の系譜、（6）忍坂日《オシサカヒ》子《コ》人《ヒト》太子の系譜の六つに分類して、検討を加えている（「古代息長氏の系譜と伝承」）。ここでは、それら一つ一つを紹介している余裕がないので、本書とのかかわりで、特に私が目をとめた点について、以下に私見を述べる。

ワニ氏の姓が妙だと前に言ったけれど、この息長氏の名前も意味深長だ。西田長男氏は、オキナガはふいごで空気を吹き送って火を起こすときの、息を長く引く状態からつけられたものであろうと言うが、であれば、前述のヤマトタケル伊吹山伝承や、さらには谷川氏の言う「青の一族」とも結びつく。また、秦氏一族の赤染氏、常世氏の名が、新羅・加羅系の呪術に由来するのに鑑みれば、吐く息が長いのは生命力の象徴で、寿祝的な意味があるともとれる。三韓征討へ参加した可能性のある息長氏が、新羅と接触して、採掘や鋳造の技術を導入していたとも考えられよう。

ちなみに、(3)とのかかわりで注意を引くアメノヒボコは、新羅国の王子。日光に感精して誕生した正妻アカルヒメが祖国に逃亡したのを追って、日本に上陸。難波に至るまでに、但馬国に留まり、その子孫にタジマモリや葛城高額比売命《かつらぎたかぬかひめのみこと》、その子に息長帯比売命《おきながたらしひめのみこと》がいる(応神記)。別伝の垂仁紀では、アカルヒメは豊国国前郡の比売語曾《ひめこそ》の神、難波の比売語曾の神として祀られたとして、次のようにも記している。

一に云はく、御間城《みまき》(崇神)天皇の世に、額《ぬか》に角有《つのお》ひたる人、一の船に乗りて、越国の笥飯浦《けひのうら》に泊れり。故《かれ》、其処を号《なづ》けて角鹿《つぬが》と曰ふ。問ひて曰はく、「何《いづれ》の国の人ぞ」といふ。対《こた》へて曰さく、「意富加羅国《おほからのくに》の王の子《こきし》、名は都怒我阿羅斯等《つぬがあらしと》。亦の名は于斯岐阿利叱智干岐《うしきありしちかんき》と曰ふ。伝《つて》に日本国《やまとのくに》に聖皇《ひじりのきみ》有すと聞《うけたまは》りて、帰化《まうおもぶ》く。

越前敦賀の地名伝説だが、ここからはただちに「この蟹やいづくの蟹、百伝ふ角鹿の蟹」が想起されるし、豊国の比売語曾神(現姫島ヒメコソ神社)に近い同国田川郡の現香春《かわら》神社の旧名は、辛島息長大姫大目命神社で、これは新羅国で秦氏に祀られた銅産神である。ここにも息長の名があるのだ。

このアメノヒボコの系譜のみならず、(4)(5)の系譜とも密接にかかわるのが息長帯姫《おきながたらしひめ》、すなわち神功皇后である。周知のように、神功皇后は、三韓征討の中心人物。仲哀天皇が熊襲を討つため九州に赴き、筑紫樫日宮(香椎宮)で急死すると、同行していた皇后は妊娠中であったにもかかわらず、武内宿禰と図って新羅に遠征、征服後、筑紫に帰って誉田別命《ほむたわけのみこと》(応神天皇)を生む。この遠征のあと、

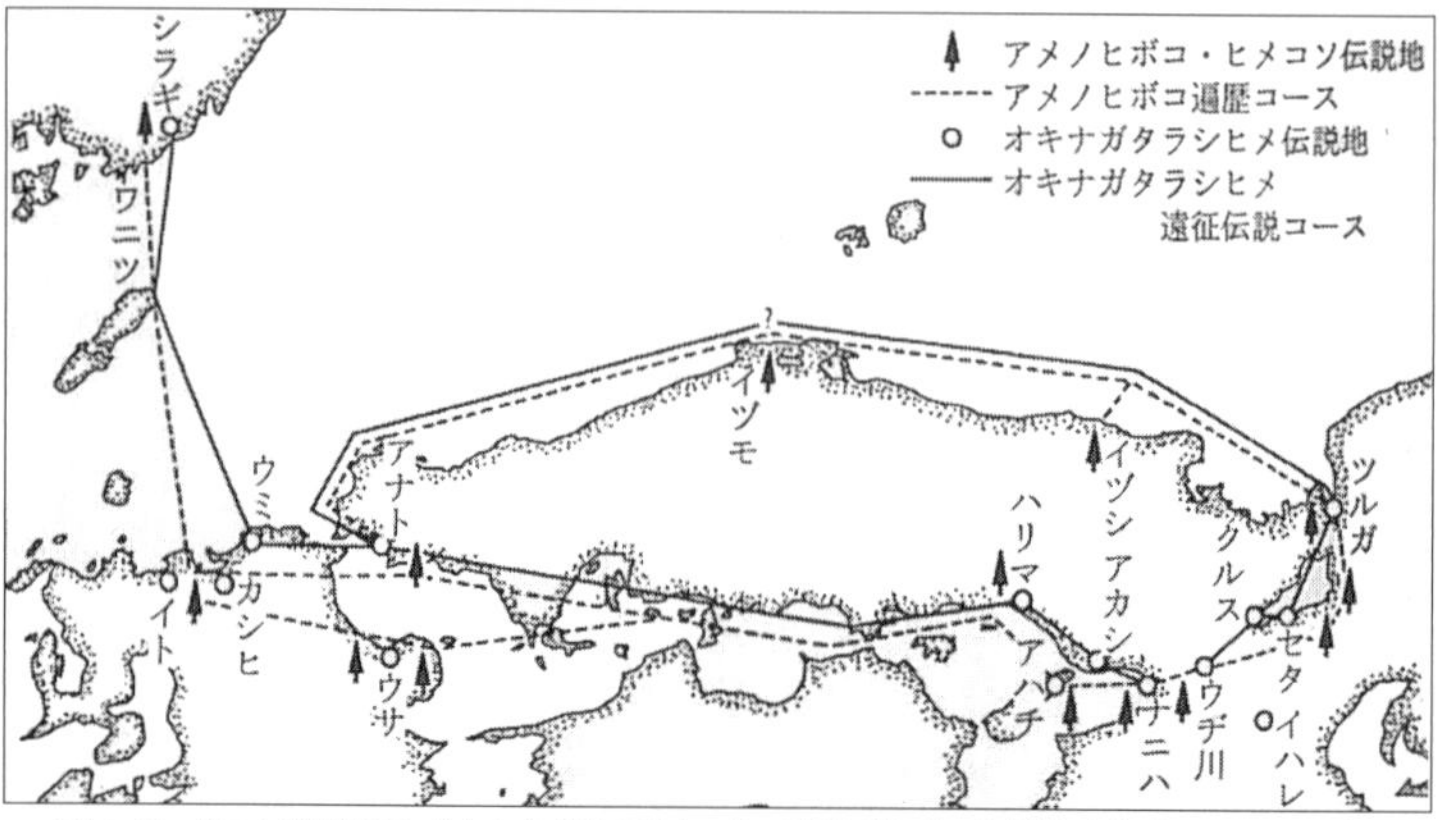

アメノヒボコと神功皇后（オキナガタラシヒメ）の巡歴地（三品彰英氏作成にもとづく。）

百済と高句麗も帰服、皇后は大和に戻ると応神を皇太子に立てて、約七十年、摂政としてみずから政治をとった。ワニ氏の祖建振熊《たけふるくま》が皇后の命を受けて、忍熊《おしくま》王の叛乱を討ったことは、前に述べた。

もちろん、これはあくまでも伝説であって、実際の出来事であったわけではない。神功皇后の和風諡号《しごう》オキナガタラシヒメは、息長氏によって、息長氏出身の偉大な皇后という意味をこめて創作されたものであり、皇后にまつわるさまざまな伝承も、後年の架上であることは、いまや常識である。

しかし、なにゆえこうしたことがまことしやかに語り継がれたのかを考えていくと、そこには四世紀後半から大化前代にかけての複雑怪奇な歴史が大きく浮かび上がってくる。

渡来したアメノヒボコの諸国巡歴地が、神功皇后西討の伝説地とほぼ一致していることを指摘したのは、三品彰英であった。すなわち、西からと東からとの相違はあるが、両者の主な経由地は、新羅、対馬を経て北九州に上陸し、香椎→宇佐→長門→播磨→難波という朝鮮半島から瀬戸内海を通過して畿内に至る一般的な経路はもとより、出雲→

出石→丹後→若狭→敦賀→琵琶湖（近江）→宇治川→木津川→淀川という日本海沿岸からのコースも一致していて、興味深いことに、豊国や敦賀以外にも、息長氏もしくはワニ氏にかかわる伝承が遺されている。

たとえば、息長氏と同族で、その管掌下にあった穴太《あのう》氏の本貫地である北近江穴村町（旧名は吾名邑、穴は鉱道の意に通ずる）の安羅神社の祭神はアメノヒボコだし、同じく息長氏と同族で、その管掌下にあった朝妻手人《あさつまのてひと》竜麻呂（養老年間、雑戸号を除かれて海語連の姓を賜る）の居留地は、息長氏が蟠踞した天野川の河口で、琵琶湖に臨む、東国及び日本海ルートへの交通と交易の拠点、朝妻港の周辺だった（後述一五七頁参照）。

この地が渡来人で栄えたことは、須恵器の生産や奈良時代における画師集団の存在（顔料の原料は鉱物）、秦氏の活躍などによっても裏付けられる。またこれとは別に、前述したワニ氏の本拠、南山城筒木の朱智神社は息長氏が奉斎していた。

## 神功皇后伝説の形成基盤

息長氏が神功皇后伝説の形成に与《あず》かって殊《こと》に注目されるのは、武振熊が忍熊王の叛乱を鎮めたあとの、「故、建内宿禰命、其の太子を率《ゐ》て、禊《みそぎ》せむと為《し》て、淡海及若狭国を経歴《へ》し時、高志《こし》の前《みちのくち》の角鹿《つぬが》に仮宮を造りて坐さしめき」という仲哀記の記事である。

神功皇后による新羅征討が住吉三神の託宣によって開始され、新羅の王城と長門に住吉神を祀ることで勝利が完結したこと、イザナギが黄泉国からもどってミソギをしたときに生まれたのが綿津見三神とこの住吉三神で、河内の初代大王である応神の胎内出生譚は住吉神社の縁起そのものであったことを思えば、ミソギは住吉神の鎮座する難波の海でおこなわれてよさそうなものなのに、なぜこの時は近江、若狭を巡歴したのち、越前敦賀でおこなわれ、さらにこのあと気比《けひ》神社で名易《なか》えまでしているのか。それには、特別な事情があったとしなければならないだろう。

　それは、前段の忍熊王鎮圧の舞台が近江であることに加え、神功皇后の出身地が丹後で、父親である息長宿禰王が息長氏であることから、同氏を介しての日本海、近江ルートの価値がきわめて重要であったからに相違ない。一説によると気比大神（伊奢沙別命《いざさわけのみこと》）はアメノヒボコの別名で、『気比宮社記』は、「仲哀天皇即位二年二月、天皇・皇后がともに角鹿に行幸、気比大神に祈願され、その後神宮皇后が三韓征伐を祈願、角鹿より長門へ向かう途次、海神より涸珠・満珠を得られた。さらに八年三月、気比大神が玉妃命に神憑りして新羅を討つよう託宣した」と負けていない。元新羅の王子が祖国を討つよう託宣するのは解せないが、とうに帰化していたからか。なお、気比は笥飯《けひ》の表記もあって、御饌《みけつ》神でもあった。

　かかる神功皇后伝説について、直木孝次郎氏は戦後の歴史家らしい冷静さで、その虚偽を左のように指摘して、新羅との関係が悪化した、持統朝前後の史実が物語の形成にかかわっているとした。

（1）新羅征討の神話に役割を果たす香椎宮も住吉神社も、推古朝以前に史上にみえない。
（2）女帝が遠征軍の指揮にあたった例は、斉明のほかにない。
（3）仲哀が筑紫で死ぬのと、斉明が同じく筑紫で死ぬことが似ている。
（4）応神が筑紫で生まれ、皇太子になったことは、斉明に同行した持統が、のちに草壁皇子を筑紫で生んだことと似ている。
（5）応神は腹違いのカゴサカ・オシクマ二王を倒して皇位についたが、草壁も腹違いの大来皇女・大津皇子を倒して皇太子となった。

なるほど、合理的で明快である。だが、私の不満を言うと、ここには伝承の持つぬくもりとそれを生み出す背景、たとえ不確かであろうともそれを切実に必要とした一族の願望が、不合理不透明なものとして退けられてしまっている。

直木氏流の断定をするなら、ヤマトタケル伝承も、サホヒコ・サホヒメの物語も、要するに一篇の物語に過ぎないことになろう。しかし、たとえそれが虚構と分かっていても、いや虚構であるがゆえに、いっそう深く真実に近づいてしまうことはありうる。そして、面白いのは（恐いのは、と言っても同じことだが）、虚構であろうがなかろうが、社会がそれを必要とすれば、いつしか一人歩きして、既成事実（正確には、伝説的事実というべきか）と変わらないものに生成してしまう場合があることである。

そんな馬鹿なと言うなかれ、先の大戦後わが国で事実上天皇の地位が大きく変わり、国民主権の立場から、各自正確な歴史認識が可能になったにもかかわらず、大多数の日本人は、いいか悪いかは別として、二十一世紀の今日でも天皇制の存続を当然と感じ、その万世一系をさして疑おうとしない。ましてや、記紀の編者が神功皇后伝説を造作し、採用した時代は、それを疑えば何がしかタブーに触れてしまうのは必然だったから、十分過ぎる理由があったのだ。

息長氏が大和と東国、あるいは日本海沿岸諸国とを結ぶのに欠かせないところへきて、応神天皇の后として息長真若中比売を入れて若野毛二俣王を生み、その王が母の妹、弟比売真若（息長氏）と結ばれ、比古坐王と同じ異世代婚をして生まれたのが、意富富杼《おほほど》王（第一子）、忍坂大中津比売（第二子）、藤原琴節郎女《ことふしのいらつめ》（第五子）など、七人の皇子女である。

第二子忍坂大中津比売と第五子藤原琴節郎女は允恭天皇の皇后となって、前者とのあいだに木梨之軽王、安康、軽大郎女《かるのおおいらつめ》、雄略など九人の皇子女が生まれる。こうして、息長氏は着々と皇室との連携を深め、下っては継体天皇を擁立してますます勢威を示す（一三三頁、歴代天皇系図参照）。と言っても、こうした伝説や伝承、厖大な系譜は、息長氏一族のみで短時日に形成しうるものではない。思うに、息長氏は応神朝の朝鮮出兵に他の豪族とともに水軍として参加したり、渡来人の技術を導入、本貫地周辺の鉱山を採掘したり、水上での交通や交易に携わって繁栄へと向かったのであろう。

応神・応仁から雄略天皇に至るこの時代（四世紀末～五世紀後半）は、中国の史書（「宋書倭国伝」）にいう倭の五王、つまり讃、珍、済、興、武の時代である。その一字呼称は日本側の使節がへつらって示したもののとのことで、それぞれがなぜそう呼ばれたのか不明だが、済、興、武が允恭、安康、雄略を指すことは史家のあいだでほぼ確定している。

この時期、東アジア、ことに朝鮮半島は高句麗の南下によって、百済、新羅三国のあいだに緊張が生じており、大和朝廷は百済と同盟を結んで、高句麗に対抗、高句麗と結ぶ新羅とも関係悪化を招いていた。

鉄資源の確保ほか、朝鮮半島に利害関係を有し、任那（加羅）に拠点を置く大和朝廷は、息長氏をはじめ管掌下にある氏族に従軍を要請、たびたび出兵した。四七八年、雄略天皇が朝貢先の中国宋王朝に提出した上表文は、こうしたなかで書かれた。全文を掲げる。

封国は偏遠にして藩を外に作《な》す。昔より祖禰《そでい》（祖先）、躬《みずか》ら甲冑を擐《つらぬ》き、山川を跋渉し、寧処に遑《いとま》あらず。東のかた毛人五十五国を征し、西のかた衆夷六十六国を服し、渡りて海北九十五国を平らぐ。（宋皇帝の）王道は融泰《ゆうたい》にして、土を廓《ひら》き（広げて）畿（都）を遐《はる》かにす。累葉（代々）朝宗（朝貢）して歳《さい》（期日）を愆《あやま》たず。臣（武）、下愚と雖《いえど》も、忝《かたじけ》なくも先緒（王位）を胤《つ》ぎ、統《す》ぶる所を駆率し、天極（宋朝）に帰崇す（心を寄せる）。道は百済を逕《へ》て、船舫を装治す。而《しか》るに句《く》驪《り》（高句麗）無道にして、図りて（周囲を）見呑《けんどん》せんと欲し、辺隷《へんれい》（辺境）を掠抄（侵略）し、虔《けん》劉《りゅう》（殺害）すること已《や》まず。毎《つね》に（宋への朝貢が）稽滞（遅滞）を致し、以て良風を失う。路を進むと曰《い》うと雖も、或いは通じ或いは不なり。臣の亡考（亡父）済、実に寇讎《こうしゅう》の天路（宋への通路）を壅塞《ようさい》（ふさぐ）するを忿《いか》り、控弦（弓兵）百万、義声感激し、方《まさ》に大挙せんと欲す。奄《にわ》かに父兄を喪い、垂成の功をして（もう少しで成功するところを）一簣《いっき》を獲ざらしむ（達成できていない）。居《むな》（空）しく諒闇（服喪）に在り、兵甲を動かさず、是を以て偃息《えんそく》して未だ捷《か》たず。今に至るまで甲を練り兵を治め、父兄の志を申さんと欲す。義士虎賁《こほん》、文武功を効《いた》し、白刃前に交わるも亦た顧ざるところなり。若《も》し帝徳の覆載を以て此の強敵を摧《くじ》かば、克《よ》く方難を靖んじ前功に替ること無からん。竊《ひそ》かに自ら開府儀同三司を仮し、其の余は咸《ことごと》く各おの仮授し、以て忠節を勧めん。

稲荷山鉄剣銘

豊かな語彙と雄渾自在な筆は、これを書いた人物が、とびきりの知識人（中国からの渡来人か）だったからであろう。西に東に国内の諸国と戦い、これを従わせていたのがさほど誇張でないのは、昭和五十三年（一九七八）、一一五文字の漢字が象嵌されていたとのニュースで話題を呼んだ稲荷山鉄剣銘に、ワカタケル＝雄略の名があることによっても裏付けられた。

内外ともにまさに多事多難。この年、伝承的事実として、浦島が帰還し、トヨウケ神が伊勢外宮に勧請されたことは、前に述べた。

# 第3章　天武・持統朝の深謀

## 皇位継承争いの闇

前代にあれほど活躍した海人族と、朝廷との勢力争いは、海幸が山幸に敗北を認めたときに既に決着はついていたと言ってしまっては、身も蓋もない。記紀の海幸・山幸伝承や神武東遷神話が、そもそものはじめから天皇家の側に有利に、その正当化を目的に作られたものである以上、そう読めてしまうのは仕方がないのだが、ことはそう単純ではない。

というのも、海から陸へ上がってからの海人族は、むしろ天皇家の誕生や大和朝廷の樹立に積極的にかかわってきていて、朝廷の側もしきりと頼りにしたことは、前章で述べたワニ氏、息長氏、尾張氏らの豪族の例から明らかだろう。彼らは天皇家に妃を入れて接近をはかる一方で、各地に勢力を伸ばしていったのだ。

瀬戸内海での航路に活躍した紀氏や吉備氏のことも、忘れてはなるまい。

紀氏の名称は木国、のちの紀伊国に基づく。氏人は紀伊国那賀・名草・有田・日高の諸郡に分布、中央貴族として活躍した者が多い。欽明紀二年（五四一）に見える紀臣《きのおみ》奈率弥麻沙《なそつみまさ》は、父が日系韓人であったことから、五世紀後半に朝鮮に渡り、大和朝廷の朝鮮経略に関与していたとみられる。一族は阿波・讃岐・伊予・豊前など瀬戸内海の四国側沿岸に稠密で、同族による朝鮮進出航路を想定できる。

一方、吉備氏はのちの備前・備中南部を本拠とした豪族。記紀には吉備氏関係者による国内平定、対朝鮮外交における活躍、一族の女性と天皇・皇子との婚姻が多く伝えられている。早くから中央に勢力を有し、朝廷と深い関係を持った一方で、反乱伝承（星川皇子の乱など）もあって、一族の強大さを示す。畿内と九州北部を結ぶ瀬戸内海航路の要衝に位置して、鉄や塩の産地として知られ、古墳中期の造山古墳、作山古墳は、同時期の畿内巨大古墳に匹敵した。

こうして陸上がりした海人族は、はじめ王権側を支援し、頼りにされる側としてあったが、それがはっきりと服従し、隷属する側へと逆転するのは、応神・仁徳朝あたりからではないかと考えられる。

（太子《ひつぎのみこ》）既にして宮室《おほみや》を菟道《うぢ》に興《た》てて居《ま》します。猶位を大鷦鷯尊《おほさざきのみこと》（のちの仁徳天皇）に譲りますに由りて、久しく即皇位《あまつひつぎしろしめ》さず。爰《ここ》に皇位空しくして、既に三載《みとせ》を経ぬ。時に海人《あま》有りて、鮮魚《あざらけきいを》の苞苴《おほにへ》を齎《も》ちて、菟道宮《うぢのみや》に献る。太子、海人に令《のりごと》して曰はく、「我、天皇に非ず」とのたまひて、乃ち返して難波に進《たてまつ》らしめたまふ。大鷦鷯尊、亦返して、菟道に献らしめたまふ。是に、海人の苞苴、往還に鯘《あざ》れぬ。更に返りて、他《あた》し鮮魚を取りて献る。譲りたまふこと前《さき》の日の如し。鮮魚亦鯘《あざ》れぬ。海人、屢《しばしば》還るに苦《たしな》みて、乃ち鮮魚を棄てて哭く。故、諺に曰はく、「海人なれや、己が物から泣く」といふは、其れ是の縁なり。太子の曰はく、「我、兄王の志を奪ふべからざることを知れり。豈《あに》久しく生きて、天下を煩さむや」とのたまひて、乃ち自ら死《をは》りたまひぬ。（仁徳即位前紀）

のちの顕宗・仁賢の皇位互譲は、明らかにこの菟道稚郎子《うぢのわきいらつこ》と大鷦鷯尊《おおさざきのみこと》とのあいだのそれの反復で、そこに今度は海部ではなくて、山部がかかわっている（後述）。深読みをするなら、ここには王権にとって海人（海部）の支配が不可欠であることと同時に、苞苴の献上が服属の証しで、それは天皇にのみ享受された特権であったことが隠されている。

ところで、太子の菟道稚郎子が大鷦鷯尊（仁徳天皇）と王位を譲り合ったのち自殺したのは、なぜだったろうか。

大和朝廷で世襲王権が確立するのは、六世紀の継体・欽明朝以降のことである。それまでは、天皇家の有力な候補者のなかから、血統・年齢・素質などで豪族たちの支持を得た者が即位するシステムだった。条件を満たせば、年少男性より年長女性が優先される場合もあった。皇位継承の問題が起こるたび、一族のあいだで文字通り血で血を洗う凄惨な争いが絶えなかったのだ。

かまどの煙が立っていないのを見て、民が生活に苦しんでいると察して三年間、税と課役を免除、聖王と讃えられた仁徳にしてからが、例外ではなかった。応神崩後、年長の皇子大山守（母は高木之入日売）が反逆し、年少の太子（母はヤカワエヒメ）と闘う。このとき次兄の大鷦鷯命（同）は太子を応援、乱を鎮圧した。その後は、ここにあるように、二人は皇位を譲り合うが、結局、菟道稚郎子は自殺、『古事記』は夭逝したと記す。しかし、自殺も夭逝も疑わしく、大鷦鷯命に攻め滅ぼされたとみるべきだろう。

背景にあるのは、春日のワニ氏と葛城に本拠を置く葛城氏との勢力争いである。太子の母のヤカワエヒメはワニ氏の比布礼之大臣の娘で、あの八田若郎女、女鳥王は太子の同母妹なのに対して、仁徳の后のイワノヒメは葛城曾都毘古の娘だった（したがって、イワノヒメが八田若郎女を目の敵にし、憎むのは当然か）。

神田秀夫氏は『古事記の構造』で、十六代仁徳以下十代のグループ（履中・顕宗・仁賢の血統と、允恭・安康・雄略の血統の二派）と、二十六代継体以下八代のグループとを分けて、左のように述べた（次頁「歴代天皇系図」参照）。

履中系と允恭系とは最後に仁賢が雄略の皇女である春日大郎女を后とするに至ってようやく結ばれるが、これに先立ち、履中の皇子市辺《いちへ》之忍歯王《のおしはわけ》が雄略に残忍な方法で殺される（後述）ので、実は対立があり疎遠である。

履中系は、継体グループとは、最後に手白髪郎女が継体の后に立ち、欽明の母となる時に結ばれるが、それまではまったく関係がない。允恭系は、允恭の后であり、安康・雄略の母である忍坂之大中津比売命が継体の曾祖父意富富杼王の妹だから、継体グループの祖先とは早くから関係があり、その点、履中よりも継体グループにとっては親しい存在である——。

しかるに、顕宗・仁賢を経て、武烈で再び皇統が断たれ、その後紆余曲折を経て越前出自とされる継体が皇位を継いだのちも、皇子たちのあいだで皇位継承をめぐる血なまぐさい争いは絶えなかった。尾張氏出身の目子媛を母とする安閑・宣化と、仁賢の娘の手白髪皇女を母とする欽明とが対立する状態が、十年近く続き、蘇我氏が台頭してその強力なバックアップを得てからは、敏達・用明・崇峻・推古・舒明と、蘇我馬子に擁立された天皇が続いた。

継体の即位は、武烈の没後、天皇が空位になることを避けるための措置だったが、律令が制定されて、皇位継承のルールがそれなりに定まるまでは、どちらの側につくかで、背後に豪族同士の熾烈な勢力争いがあった。

すなわち、仁徳天皇が崩じ、履中が後を継ぐと、弟の墨江中王（住吉仲皇子）が反乱、敵方の野島の海人、阿曇連浜子を捕え、罰として顔面の入れ墨を命じた。在位六年にして崩じると、反乱を鎮圧するのに功のあった反正が継ぐ。このとき、反正は墨江中王に仕える隼人の曾婆加理《そばかり》を騙して主君を

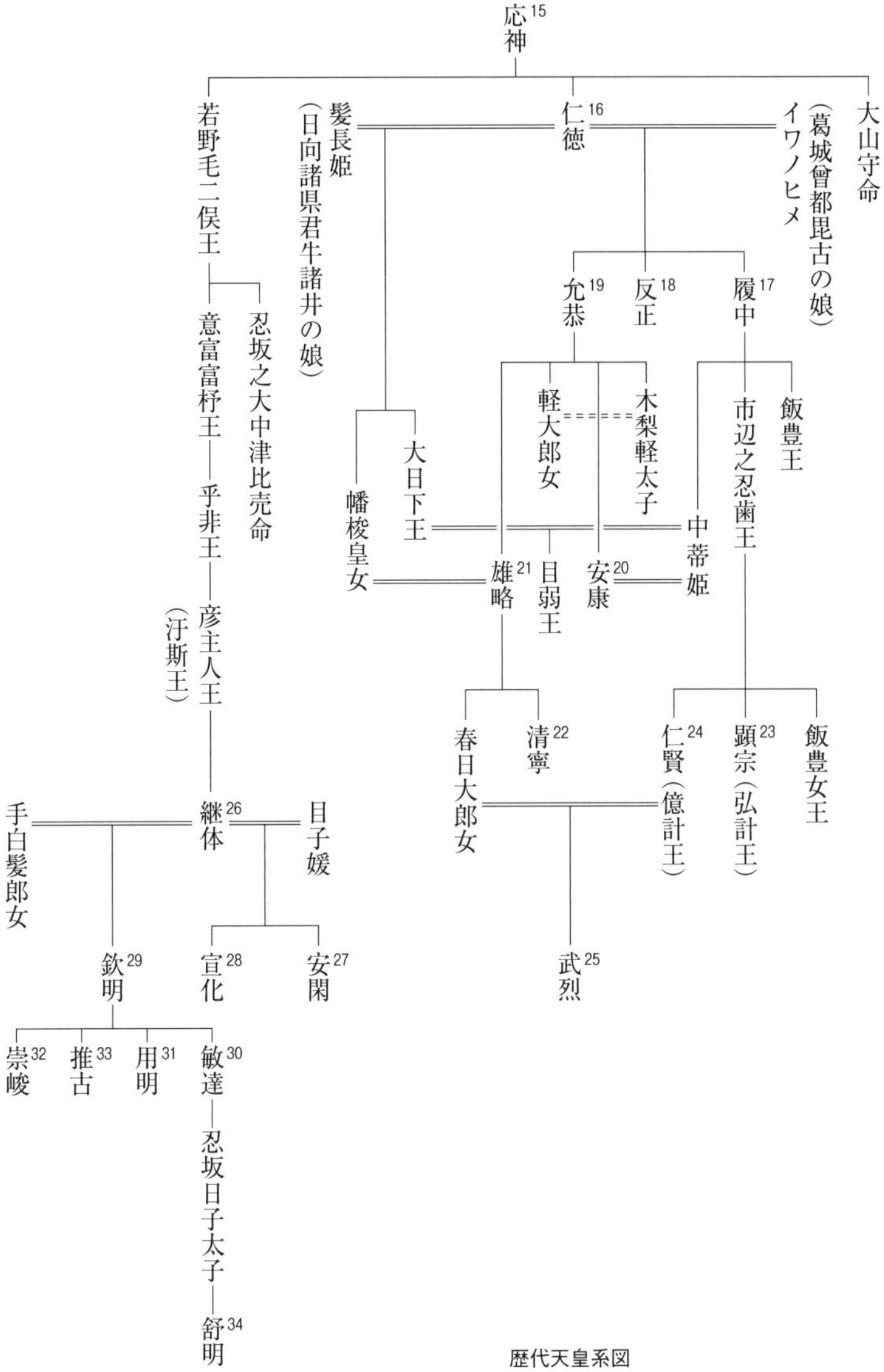
応神15
大山守命
イワノヒメ（葛城曾都毘古の娘）
仁徳16
髪長姫（日向諸県君牛諸井の娘）
若野毛二俣王
履中17
反正18
允恭19
飯豊王
市辺之忍歯王
中蒂姫
木梨軽太子
軽大郎女
安康20
目弱王
雄略21
大日下王
幡梭皇女
忍坂之大中津比売命
意富富杼王
乎非王
彦主人王
（汙斯王）
飯豊女王
顕宗23（弘計王）
仁賢24（億計王）
清寧22
春日大郎女
武烈25
目子媛
継体26
手白髪郎女
安閑27
宣化28
欽明29
敏達30
用明31
推古33
崇峻32
忍坂日子太子
舒明34

歴代天皇系図

廁で刺殺させている。

履中・反正と闘い、敗北したのが、阿曇（安曇）氏の首領と隼人の末裔だったことは、意味深い。しかも、反正が在位五年にして崩後、皇位を継いだ允恭が倒したのが、次期天皇として最有力だった大日下王《おおくさかみこ》だった。履中・反正・允恭ともに、母はイワノヒメ。いずれもショート・リリーフである。

こうしたことを踏まえると、允恭崩後、木梨軽太子が同母妹の軽大郎女（衣通郎女）と結ばれたので、天下これを不倫とし、百官ことごとく穴穂部の御子（安康）に帰したという有名な事件（『日本書紀』では、同母妹でなく、后の妹である藤原琴節郎女となっている）は、允恭系とは疎遠な履中系が仕掛けたものであったかもしれないと思えてくるし、以下に述べる大日下王の悲劇に始まる一連の特異な伝承を検討すると、皇位継承をめぐっての凄まじい争いはいっそう鬼気迫って感じられてくる。

このことは、これまで見てきたように、陸に上がってからも存在感を示してきた海人族が、その後は次第に影が薄くなり、いつしか姿をくらましてゆくことの決定的な契機となったと考えられるので、煩を厭わずに追跡してみよう。

## 悲劇の大日下王

大日下王は、住之江の日下に本拠を置く海人族の雄だった。母は日向出身の髪長日売だから、隼人の血筋も引いている。何度も言うが、浦島がこの日下部一族だったことを思い出してもらってもいい。以下は、安康記からの引用である。

御子《みこ》、穴穂御子、石上《いそのかみ》の穴穂宮に坐しまして、天の下治らしめしき。（安康）天皇、伊呂《いろ》（同母の）

弟《と》大長谷王子《おおはつせのみこ》（のちの雄略天皇）の為に、坂本臣等の祖、根臣《ねのおみ》を、大日下王の許《もと》に遣《つか》はして、詔《の》らしめたまひしく、「汝命《いましみこと》の妹《いろも》、若日下王（幡梭《はたびの》皇女）を、大長谷王子に婚《あ》はせむと欲《おも》ふ。故、貢《たてまつ》るべし。」とのらしめたまひき。爾《ここ》に大日下王、四たび拝《おろが》みて白《まう》しけらく、「若《も》し如此《かく》の大命《おほみこと》も有らむと疑ひつ。故、（妹を）外《と》に出さずて置きつ。是《こ》れ恐《かしこ》し、大命の随《まにま》に奉進《たてまつ》らむ。」とまをしき。然れども言《こと》以ちて白す事、其れ礼无《いやな》し（失礼）と思ひて、即ち其の妹の礼物《ゐやじろ》（贈り物）と為《し》て、押木《おしき》の玉縵《たまかづら》を持たしめて貢献《たてまつ》りき。根臣、即ち其の礼物の玉縵を盗み取りて、大日下王を讒《よこ》して曰ひしく、「大日下王は、勅命《おほみこと》を受けずて曰《の》りたまひつらく、『己が妹や、等《ひと》し族《うがら》の下席《したむしろ》に為《な》らむ。』とのりたまひて、横刀《たち》の手上《たがみ》を取りて、怒りましつ。」といひき。故、天皇大《いた》く怒りまして、大日下を殺して、其の王《みこ》の嫡妻《むかひめ》、長田大郎女（中蒂《なかし》姫《ひめ》）を取り持ち来て、皇后《おほきさき》と為《し》たまひき。

安康天皇の要望を入れて、弟の大長谷王子に自分の妹を貢ぐ（同母の弟妹だから、これは禁忌のはずだが）ことを約束し、贈り物の玉縵まで持たせたのに、使者の根臣《ねのおみ》がそれを着服、あろうことか、同族の下敷きになどさせるものかと横刀《たち》の束を握って怒っていたと讒言したせいで、大日下王は天皇の怒りを買って殺され、正妻まで横取りされてしまう。あげくに、妹の幡梭皇女は、大長谷の望み通りに妃におさまった。

ついでに触れておくと、『古事記』序文で筆録者とされる太安万呂が、次のように述べ、姓では日下、名では帯《たらし》（息長帯比売の帯）に言及しているのは、それだけ重要視していたからだろう。

上古の時、言意《ことばこころ》並朴《みなすなほ》にして、文を敷き句を構ふること、字に於きて即ち難《かた》し。已《すで》に訓に因りて述べたるは、詞《ことば》心に逮《およ》ばず、全《また》く音《こゑ》を以ちて連ねたるは、事の趣《おもぶき》更に長し。是《ここ》を以ちて今、或《ある》は一句の中に、音訓を交へ用ゐ、或は一事の内に全く訓を以ちて録《しる》しぬ。即ち、辞理の見え叵《かた》きは、注《いれしるす》を以ちて明らかにし、意況《こころとおもぶき》の解り易きは、更に注せず。亦姓《またうぢ》に於きて日下《にちげ》を玖沙訶《くさか》と謂ひ、名に於きて帯《たい》の字を多羅斯《たらし》と謂ふ、此《か》くの如き類《たぐひ》は、本《もと》の随《まにま》に改めず。

もっとも、『古事記』序文は平安初期、太安万呂に仮託されて偽作された可能性もあり、このことは後段で詳しく述べる。

さて、大日下王の悲劇は、これに留まらなかった。否、むしろこれは発端に過ぎなかった。

此れより以後《のち》、天皇（安康）神牀《かむどこ》に坐して昼寝したまひき。爾に其の后《きさき》（中蒂姫《なかしひめ》）に語りて曰《の》りたまひけらく、「汝《いまし》思ほす所有りや。」とのりたまへば、答へて曰《まを》したまひけらく、「天皇の敦《あつ》き沢《めぐみ》を被《かがふ》りて、何か思ふ所有らむ。」とまをしたまひき。是に其の大后の先の子、目弱王《まよわのみこ》、是れ年七歳《ななとせ》なりき。是の王《みこ》、其の時に当りて、其の殿の下に遊べり。爾に天皇、其の少《わか》き王の殿の下に遊べるを知らしめさずて、詔《の》りたまひしく、「吾《あ》は恒に思ふ所有り。何ぞといへば、汝《いまし》の子目弱王、人と成りし時、吾が其の父王《ちちみこ》（大日下王）を殺せしを知りなば、還りて邪《きたな》き心有らむと為《す》るか。」とのりたまひき。是に其の殿の下に遊べる目弱王、此の言《こと》を聞き取りて、便《すなは》ち竊《ひそ》かに天皇の御寝《みね》しませるを伺ひて、其の傍《かたへ》の大刀《たち》を取りて、乃ち其の天皇の頸を討ち斬りて、都夫良意富美《つぶらのおほみ》（葛城円《つぶら》大臣）の家に逃げ入りき。

殺された大日下王とのあいだに生まれた目弱王を連れ子にして安康天王と再婚した中蒂姫《なかしひめ》に向かって、天皇は目弱王《まよわのみこ》が成人して父親を殺したのがこの自分だと知ったら、心変わりして反逆心を起こすのではないだろうかと、つい心配事を口にしたところが、たまたま御殿の下で遊んでいた目弱王が盗み聞きし、実際その通りになって、今度は自分が殺されてしまう。

それを聞いた大長谷王子は怒りを発し、兄の黒日子王、白日子王と共同で事に当たろうとしたが、ふたりの態度がぬるいので即座に打ち殺し、軍を興して都夫良意富美《つぶらのおほみ》の屋敷を包囲する。

爾《ここ》に（都夫良意富美も）軍《いくさ》を興して待ち戦ふて、射出づる矢、葦の如く来り散りき。是に大長谷王、矛を杖に為《なし》て、其のうちを臨みて詔《の》りたまひしく、「我が相言へる（言いかわした）嬢子は、若《も》し（や）此の家に有りや。」とのりたまひき。爾に都夫良意富美、此の詔命を聞きて、自ら参出て、佩《は》ける兵を解きて、八度拝みて白《まを》ししく、「先の日問ひ（妻問い）賜ひし女子、訶良比売《からひめ》は侍《はべら》はむ。亦五つ処の屯家を副《そ》へて献らむ。然るに其の正身、参向はざる所以は、往古より今時に至るまで、臣連の王の宮に隠ることは聞けど、未だ王子の臣の家に隠りまししを聞かず。是を以ち思ふに、賤しき奴《やつこ》意富美は、力を竭《つく》して戦ふとも、更に勝つべきこと無けむ。然れども己れを恃《たの》みて、随の家に入り坐しし王子は、死にても棄てじ。」とまをしき。如此白《かくのごとくまを》して、亦其の兵を取りて、還り入りて戦ひき。爾《ここ》に力窮まり矢尽きぬれば、其の王子（目弱王）に白しけらく、「僕《やつがれ》は手悉に傷ひぬ。矢は亦尽きぬ。今は得戦はじ。如何か。」とまをしき。其の王子答へて詔りたまひしく、「然らば更に為むすべ無し。今は吾を殺せよ。」とのりたまひき。故、刀を以ちて其の王子を刺し殺して、乃ち己が頸を切りて死にき。

大長谷王の攻撃に抗し得ず、都夫良意富美《つぶらのおほみ》は目弱王を刺殺し、自らも頸を切って死ぬ。残忍非道な大長谷王に対して、敗者ながら天晴れな都夫良意富美。じつはこのくだりを、逆に悪者を都夫良意富美（円《つぶら》大臣）の方にして、元禄期の浄瑠璃作者近松門左衛門が脚色していて、そこになんと浦島が登場する。

題名は『浦島年代記』。『古事記』ではなく『日本書紀』にならって、中蒂姫は円大臣の娘で、大日下王が妻に望んだのを拒否して、安康天皇の女御に差し出した。むろん、皇位をねらってのことである。中蒂姫は懐妊して十五か月になるのに出産の兆しがない。そこへ天皇が突然中蒂姫への譲位を宣言し、辞退したものだから、大臣は怒って娘に即位を強要する。

一方、天皇の弟宮泊瀬王子（大長谷王）は、兄宮即位の時、争いが起こるのを避けて、丹後国与謝の入り江で釣り三昧。この泊瀬王子に心を寄せて何かと世話をするのが、地侍の浦島太郎久寿《ひさなが》。しぶる泊瀬王子に皇位を継がせようと画策する葵大臣側と、中蒂姫の腹にある胎児を無理やり出産させようとする円大臣側の暗闘が主題で、その後の奇っ怪かつ込み入った展開は劇画もどきだが、浦島の竜宮行きや、絶望した浦島が玉手箱を開けるシーンもしっかりあって、けっこう楽しめる。

私がなぜこのことをあえて補足するかといえば、さすがは近松、このくだりが古代海人族同士による死闘で、その地縁・血縁のしがらみに深く根差していることを、直感的に摑んでいたと思えるからだ。

それにしても、ここで大長谷王が、かつて言いかわした都夫良意富美王の娘訶良比売が、今も邸内にいるかと問うて未練たっぷりなのは、何ともしおらしい。

このあと、市辺之忍歯王殺害の場面が来る。

茲《こ》れより以後《のち》、淡海《あふみ》の佐佐紀の山君の祖、名は韓帒白《からぶくろまを》ししく、「淡海の久多綿《くたわた》の蚊屋野《かやの》は、多《さは》に猪鹿《しし》在り。其の立てる足は莪原《よもぎはら》の如く、指挙《ささ》げたる（頭に戴く）角《つの》は枯松《からまつ》の如し。」とまをしき。

此の時市辺之忍歯王を相率《ゐ》て、淡海に幸行でまして、其の野に到りませば、（大長谷王と忍歯王は）各異に仮宮を作りて宿りましき。爾に明くる旦《あした》、未だ日出でざりし時、忍歯王、平《なぐ》しき心以ちて、御馬に乗りし随《まにま》に、大長谷王の仮宮の傍《かたへ》に到り立たして、其の大長谷王の御伴人《みともびと》に詔りたまひしく、「未だ寤《さ》め坐さざるか。早く白《まを》すべし。夜は既に曙《あ》けぬ。猟庭《かりには》に幸《い》でますべし。」とのりたまひて、乃ち馬を進めて出で行きたまひき。爾に其の大長谷王の御所《みもと》に侍ふ人等《ども》白ししく、「宇多弖《うたて》（嫌味に）物云ふ王子《みこ》ぞ。故、慎み（用心し）たまふべし。亦御身を堅めたまふべし。」とまをしき。即ち衣《みそ》の中に甲《よろひ》を服し、弓矢を取り佩《は》かして、馬に乗りて出で行きたまひて、倏忽《たちまち》の間に、馬より往き雙《なら》びて、矢を抜きて其の忍歯王を射落して、乃ち亦其の身を切りて、馬槽《うまぶね》に入れて土と等しく埋みたまひき。

市歯之王は、履中の第一皇子。葦田宿禰（葛城曾都比古の子）の娘、黒比売との間に生まれており、実妹飯豊皇女は、清寧帝の崩御後、天皇位に即いたと『古事記』が伝える（とすれば、初代女帝）くらいだから、木梨軽太子亡き後、大長谷王にとっては最大のライヴァルだった。それで、近江の佐々紀山君の祖、韓帒《からぶくろ》の進言を入れて、猪狩りに誘い出して謀殺した。

これには後日譚があって、顕宗記に次の記事が出ている。

此の天皇（顕宗帝）、其の父王《ちちみこ》市辺王の御骨《みかばね》を求めたまふ時、淡海国に在る賤しき老媼《おみな》、参出《まゐで》て白しけらく、「王子《みこ》の御骨を埋《うづ》みしは、専ら吾《あれ》能《よ》く知れり。亦其歯を以ちて知るべし。御歯は三枝の如き押歯に坐しき。」とまをしき。爾に民を起して（動員して）土を掘りて、其の御骨を求めき。即ち其の御骨を獲て、其の蚊屋野の東の山に、御陵を作りて葬《はふ》りたまひて、韓帒《からぶくろ》の子等《ども》を以ちて其の陵を守らしめたまひき。然《さ》て後に其の御骨を持ち上《のぼ》りたまひき。故、還り上り坐して、其の老媼を召して、其の失はず見置きて、其の地《ところ》を知りしを誉《ほ》めて、名を賜ひて置目老媼《おきめのおみな》と号《なづけ》たまひき。仍《よ》りて宮の内に召し入れて、敦《あつ》く広く慈《めぐ》びたまひき。故、其の老媼の住める屋は、近く宮の辺に作りて、日毎に必ず召しき。故、鐸《ぬりて》を大殿の戸に懸けて、其の老媼を召さむと欲《おも》ほす時は、必ず其の鐸を引き鳴らしたまひき。爾に御歌を作《よ》みたまひき。其の歌に曰《の》りたまひしく、「浅茅原　小谷を過ぎて　百伝《もも》ふ（遠くまで音が伝わる）　鐸響《ゆら》くも　置目来らしも　とのりたまひき。是に置目老媼白しけらく、「僕《あ》は甚《いとお》老《い》にき。本つ国（故郷）に退《まか》らむと欲《おも》ふ。」とまをしき。故、白しし随《まにま》に退る時、天皇見送りて歌曰《うた》ひたまひしく、

置目もや　淡海の置目　明日よりは　み山隠りて　見えずかもあらむ

とうたひたまひき。

『日本書紀』も同様だが、置目老媼は韓帒の妹とある。韓帒は市辺王謀殺の件で陵戸の身分に落されるが、置目の手柄で名誉が回復され、弟倭帒は本姓佐々城山君氏を賜ったという本縁が説かれている（ササキは陵《ササキ》に由来）。それはいいのだが、気になることが二つある。

一つは、海部に対する山部が、陵墓を看守するのが主な仕事であったらしいことだ。海部・山部の設置は、前に述べたように、応神記が、「この御世に、海部、山部、山守部、伊勢部を定め賜ひき」と記しており、それに先立って、「大山守命は山海の政を為よ。大雀命は食国の政を執りて白し賜へ、宇遅能和紀郎子《うぢのわきいらつこ》は天津日継を知らしめせ」と天皇が命じてもいる。ところが、仁徳記になると、天皇の意に反して兄の速総別《はやぶさわけ》と伊勢に逃げた女鳥王の遺体から玉釧《たまくしろ》（腕輪）を剥いで妻に与えたとして死刑に処せられた山部大楯連《やまべのおおたてのむらじ》がそうであるように、陵墓を守るのが務めになっている。

二つは、置目という名称と、その役柄である。見失われて当然の遺骨の特徴をよく見置くことができたので置目と名づけられたというのは、話は逆で、名前が先にあって、それに合わせて説話が生まれたのだろう。市辺之忍歯王（押歯王）の場合も同様で、こうした機知に富んだ語呂合わせ的な口誦文学の特性、古代人の言語意識にこそ注目すべきで、きまじめな歴史的・民俗学的考察は、かえって本質を見損なうとの倉橋曄子氏の論（「置目説話をよむ――古事記説話の手法」）は、部分的には分からないではないけれど、私はやはりあえてこうした特異な伝承を残すに至った背景にこだわりたい。

その点で示唆に富むのは、尾畑喜一郎氏と及川智早氏の論文だ。尾畑氏は置目老媼は、「片目で、跛の老女であつたのではなかつたのか」として、次のように言う。

鈴の祭祀地に登場して来ると目される置目老媼が、鈴を鳴らして進むと言ふ紀の伝承の背後には、鈴を表示物とする独眼にして日神である、天目一箇神の信仰が塗り込められて来てゐるのではなかつたのか。（中略）或いは片目の神人としての日神祭祀者と陵墓の看守者とは畢竟同じ人々であり、置目の置は日置（部）の上略――日置目――、更に言へば日置女と言ふことではなかつたのか。（「置目老媼考」）

一方、及川氏は、大日下王の殺害に始まって登場人物のほとんどが次々に殺されてゆく本譚を「死の物語」と捉え、目で物を見ることは、古代において人間の生死にかかわる呪的行為であったことから、「目弱」は生命力の弱い皇子、「都夫良＝目をつぶる」は生命力の源たる目をつぶる、閉ざしてしまうという意味と、遺骨を収容する壺（ツブ）とによる二重の命名であると論じたが、私は、この円目王の名が、殯《もがり》の際に死者の霊魂の鎮魂にあたった遊部の起源伝承に出てくるのを思い出して（拙著

『異界歴程』第7話「影の一族」参照）、氏が次のように述べるのに同感を禁じえなかった。

当該伝承に於いても、活目天皇（垂仁）の「目」、円目王の「円目」と、目の連想による登場人物の命名がなされており、これは当該伝承が殯に供奉する遊部の伝承即ち死に関連する伝承であることにより、生死に関係すると観じられていた「目」に基いて創作されたと考えられる。（「都夫良意富美と目弱王攷」）

## オケ・ヲケ二皇子の逃避行

続いては、父である市辺之忍歯王殺害の知らせを聞いた、オケ・ヲケ二皇子（母はともに荑媛《はえひめ》。のちの顕宗・仁賢天皇）の逃亡が語られる。まず、その逃亡経路に注目してほしい。

是に市辺王の王子《みこ》等《たち》、意祁王《おけのおう》、袁祁王《をけのおう》、此の乱れを聞きて逃げ去りたまひき。故、山代の苅羽井（山城町綺田《かばた》）に到りて、御粮《みかれひを》食す時、面黥《まさ》ける（顔面に入れ墨をした）老人《おきな》来て、其の粮を奪ひき。爾に其の二はしらの王《みこの》言りたまひしく、「粮は惜しまず。然れども汝《な》は誰人《たれ》ぞ。」とのりたまへば、答へて曰ひしく、「我《わ》は山代の猪甘《ゐかひ》（猪飼）ぞ。」といひき。故、玖須婆《くすば》（枚方市楠葉）の河（淀川）を逃げ渡りて、針間《はりまの》（播磨）国に至り、其の国人、名は志自牟《しじむ》の家に入りて、身を隠したまひて、馬甘牛甘《うまかひうしかひ》に役《つか》はえたまひき。

ここでは山代から淀川を渡ってじかに播磨に向かっている。このとき粮を奪った山代の猪飼は、朝廷の御料の豚を飼う部民。顔面に入れ墨をしていたところを見ると、阿曇（安曇）族の末裔でもあったろうか。同じ履中紀に安曇連浜子が入れ墨の刑を受けたことが載り、目裂けるのを阿曇目といったという伝承が思い出される。

後日の話として、顕宗記になると、この山代の猪飼を捜し出して、飛鳥川の河原で斬り、さらに一族の膝の筋を断ったと追記されている。置目老媼といい、山代の猪飼といい、片目で跛、身体不具で卑賤の身であるのは、こうした一族からわざおぎや芸能者や語り部が出たことを思うと、かかる伝承は逆に彼らが保持していたものだったかもしれないと考えられてくる。その意味では、オケ・ヲケ二皇子が播磨国に身を隠した際、馬飼・牛飼に使役されたとあるのは、十分に意味がある。

問題は、同じこのくだりを、『日本書紀』が左のように伝えていることだ。

是《ここ》に、（顕宗）天皇と億計王《おけのみこ》と、父《かぞのみこと》射られぬと聞《きこ》しめして、恐れ懼《お》ぢて、皆逃亡《に》げて自ら匿《かく》れます。帳内《とねり》日下部連使主《おみ》と吾田彦《あたひこ》（使主の子）と、竊《ひそか》に天皇《すめらみこと》と億計王とを奉《ゐてまつ》りて、難《わざわひ》を丹波国《たにはのくに》の余《よ》社郡《ざのこほり》に避《さ》る。使主、遂に名字《な》を改めて、田疾来《たとく》と曰ふ。尚誅《ころ》さるることを恐りて、茲《ここ》より播磨の縮《しじ》見山《みのやま》の石室《いはや》に遁《のが》れ入りて、自ら経《わな》き死《みう》せぬ。天皇、尚使主の之《い》にけむ所を識《しろ》しめさず。兄《いろね》億計王を勧めまして、播磨国の赤石郡に向《いでま》して、倶《とも》に字《みな》を改めて丹波小子《たにはのわらは》と曰《のたま》ふ。就《ゆ》きて縮見屯倉首《しじみのみやけのおびと》に仕《つかへまつ》ふ。縮見屯倉首は、忍海部造《おしぬみべのみやつこ》細目なり。吾田彦、此に至るまで、離れまつらずして、固《また》く執臣礼《したがひつかへまつ》る。

つまり、播磨国に身を隠す前は、大和から山代を経て、丹波与謝郡に難を避けたとあって、しかもその手引きをしたのが、浦島が属し、大日下王が属した、海人族の日下部氏なのである。これは何を意味するか。日下部氏のことはこれまでに何度も言及しているので、ここではオケ・ヲケ二皇子の名称に着目して、気がついたことを述べてみたい。

古代日本語がオとヲを明確に区別していたことは、発音や漢字表記の違いによって明らかだが、互いに音が近いことから、セットで用いられることは珍しくなかった。オケ・ヲケ二皇子の場合はこれにぴったり当てはまり、漢字では意祁王《おけのおう》・袁祁王《をけのおう》と区別して表記されている。

ここからただちに想起されるのは、比古坐王の妃、意祁都比売《おけつひめ》（水依息長媛）・袁祁都比売《をけつひめ》姉妹である。二人はワニ氏の娘で、息長氏とも縁があった。これに、トヨウケヒメの前身である大誼都比売《おおげつひめ》を加えてもいい。オオゲツヒメの名義は、「大いなる食物の女性」。イザナギ・イザナミの国生みに続く『古事記』神生みの条にその出生が述べられ、五穀起源の条は、八百万の神が食物を大気都比売神に乞うたので、鼻・口・尻から種々の味物《ためつもの》をだして進上するが、その行為が汚いとスサノヲによって殺害され、その死体から、蚕・稲種・粟・小豆・麦・大豆が生じたと記す。殺された女神の死体から作物が生まれたとする、インドネシアのセラム島に伝わるハイヌウェレ神話に通じている。オとヲをセットで扱うことに、こうした連想が働いてはいなかっただろうか。

山代から近江を経て丹波へ。つまり、ここにはワニ氏、息長氏、日下部氏という海人族同士の連携が見事に達成されているのだ。しかも、最終的に播磨に落ち延びてからは、丹波の小子《わらは》を名乗り、海人族の忍海部造に仕えたというのだから、ここでも丹波との縁、海人族との縁は一貫している。その後は、以下の通り。

> 爾に山部連小楯《をだて》を針間国の宰《みこともち》に任《ま》けし時、其の国の人民《たみ》、名は志自牟《しじむ》の新室《にひむろ》（新築の家）に到りて楽《うたげ》（宴）しき。是に盛りに楽《うた》げて、酒酣《たけなは》にして次第に皆儛《ま》ひき。故、火焼《た》き（竈を焚く役）の少子《わらは》（少年）二口《ふたり》、竈《かま》の傍《かたへ》に居たる、其の少子等《ども》に儛はしめき。爾に其の一《ひと》りの少子の曰ひけら

く、「汝兄《なせ》先に儛へ。」といへば、其の兄も亦曰ひけらく、「汝弟《なおと》先に儛へ。」といひき。如此《かく》相譲りし時、其の会《つど》へる人等《ども》、其の相譲る状《さま》を咲《わら》ひき。爾に遂に兄儛ひ訖《を》へて、次に弟儛はむとする時に、詠為《ながめごとし》て曰ひしく、物部《もののふ》の、我が夫子《せこ》の、取り佩《は》ける、太刀の手上《たがみ》に、丹《に》画き著け、其の緒《を》は、赤幡を載《かざ》り、立てし赤幡、見れば五十《い》隠る、山の三尾の、竹を訶岐《かき》苅《か》り、末押し靡《なび》かす魚簀《なす》の子、八絃の琴を調ふる如《ごと》、天の下治め賜ひし、伊邪本和気《いざほわけ》の、天皇《すめらみこと》の御子、市辺《いちのべ》の、押歯王《おしはのみこ》の、奴末《やっこすえ》。といひき。爾に小楯連聞き驚きて、床《とこ》より堕ち転《まろ》びて、其の室《むろ》の人等《ども》を追ひ出《いだ》して、其の二柱の王子《みこ》を、左右の膝の上に坐《ま》せて、泣き悲しみて、人民《たみ》を集《つど》へて仮宮を作り、其の仮宮に坐せまつり置きて、駅使《はゆまづかひ》を貢上《たてまつ》りき。是に其の姨《をば》飯豊王、聞き歓ばして、宮に上《のぼ》らしめたまひき。

山部連小楯とは、処刑された山部大楯の子孫ででもあろうか。ここにも山部が登場し、彼が二皇子を発見、喜び勇んで大和に連れ帰り、清寧崩後あやうく空位になりかけていた天皇の座に、はじめは弟の袁祁王《をけのみこ》が即いて顕宗天皇となり、次に兄の意祁王《おけのみこ》が即いて仁賢天皇となって皇統はつながったというのが結びで、弟の袁祁王が赤旗を立てて剣の舞いを舞ったというところにも、海人族ならではの風習が現れている。

以上、安康天皇の大日下王殺害に始まる一連の特異な伝承を見てきたが、ここでもう一度、一三三頁の歴代天皇系図を見ていただこう。二十代安康のあと、二十一代雄略、二十二代清寧までは允恭系、対して履中系は忍歯王が殺されたこともあって、しばらく天皇は出ない。二十三代顕宗、二十四代仁賢は履中系、そのあと二十五代武烈で皇統は断絶、王都から離れた越前から履中系とも遠い二十六代継体があらわれるまでは、ずいぶん空位期間がある。継体天皇の妃の目子媛は、尾張氏の出身。仁賢の娘の手白髪皇女をも妃とすることで、なんとか皇統をつくろった（この継体は、大和で即位後も樟葉、筒木、弟国と、交通至便な河川の流域に宮を造営して、海人族との連携を保った）。

したがって、顕宗天皇即位前紀が「（顕宗）天皇、久しく辺裔《ほとり》に居《ま》しまして、悉《ことごと》に百姓の憂へ苦《くるし》ぶることを知《しろ》しめせり。恒《つね》に枉《ま》げ屈《くじ》かれたるを見ては、四体《みみ》を溝隍《みぞ》に納《なげい》るる若《ごと》くおもほす。」と、一族の不如意を嘆息しているのは、いかにも伝承の真実性を感じさせてくれる。

つまりは、オケ・ヲケ二皇子を天皇に擁立したのは、履中系から見れば皇位の簒奪者であった雄略―清寧の王家を倒して、権力を奪い返したことになり、そのためにこそ、比古坐王以来、地縁・血縁で深く繋がった近江の息長氏、山代のワニ氏が、丹波の日下部氏のもとに結集したのであった。

## 『古事記』の成立と『日本書紀』

皇《おおきみ》は神にしませば　天雲の雷《いかづち》の上に　廬《いお》りせるかも

天皇を神と詠いあげてその権威が絶頂期を迎えるのは、天武・持統朝のことである。君主号としての「天皇」が制度的に確立し、国号としての「日本」が成立した。中国にならった律令が制定され、都城が造営されたのも、始まりは天武朝で、完成したのは持統朝だった。

それより以前の斉明六年（六六〇）、百済の滅亡に際し、大和朝廷は大軍を朝鮮半島に派遣した。大海人皇子とその妃たちも、九州の前進基地に向かい、皇軍の途中で太田妃は大伯・大津の姉弟を、鸕野《うの》妃は草壁を生んだ。

白村江の戦いでの大敗（六六三）は、古代史上決定的な転機で、新羅・高句麗合同軍の本土来襲に慄《おのの》いた天智天皇は近江に遷都して防備を固めるが、六七一年十二月に天智が没すると、大海人と大友のあいだで、またもや皇位継承争いが勃発する。壬申の乱だ。

天智の娘の鸕野（のちの持統天皇）も、幼い草壁を連れて一行に加わった。壬申の乱における進軍路がヤマトヒメ巡歴のコースと重なることは、前に述べた。乱のさなか、大海人は朝明《あさけ》郡の迹太《とお》川《かわ》の辺でアマテラスを望拝した。戦いに勝利した大海人は六七三年二月に即位後、同年四月、娘の大伯《おおくの》（大来）皇女《ひめみこ》を、天照大神宮に侍すため泊瀬の斎宮に送り、翌年十月、潔斎を終えると、彼女は伊勢神宮に向かった。

未婚の皇女をアマテラスに奉仕させるこの斎王の制度は、崇神・垂仁のころ、伊勢神宮の創建とともに始まったと『日本書紀』は記すが、それが恒例化するのは大伯以後。アマテラスが他の神々とは異なる唯一特別な最高神と位置づけられるのは、天武以降である。

天皇の即位後におこなわれる一代に一度の大嘗祭も、天武のころに制度化された。ちなみに、本書との関連で言えば、大海人の名は、幼少期に養育を受けた凡海氏（海部一族の伴造）にちなんでおり、国風諡号の天渟中原瀛真人天皇《あまのぬなはらおきのまひとのすめらみこと》の瀛《おき》は海を意味した（のちの桓武天皇が山部王なのは、乳母が山部氏だったからという）。

その天武の長子高市皇子《たけちのみこ》の母は胸形徳善、すなわち宗像氏の首長の女《むすめ》の尼子娘《あまこのいらつめ》。英明とされた高市皇子が、皇位継承権の順位では最後位に回されて、何回かチャンスがあったのに、ついに天皇になれなかったのは、生母が海民の出であったことが影響したと言われている。

六八四年、八色《やくさ》の姓《かばね》を定めて、上から真人《まひと》、朝臣、宿禰、忌寸《いみき》、道師、臣、連、稲置《いなき》を置いた。天武朝で新たに形成された官司機構がどういうものであったかは、天武没後の殯宮における誄《しのびごと》に参列した諸臣の顔ぶれを見ると、よく分かる。

大海《おおしあまの》宿禰麁蒲《あらかま》（壬生《みぶ》の事）／伊勢王（諸王の事）／県《あがた》犬養宿禰大伴（総《す》べて宮内の事）／河内王（左

右大舎人《とねり》の事）／当麻真人国見（左右兵衛《とねり》の事）采女朝臣竺羅《つくら》（内命婦の事）／紀朝臣真人（膳《かしわでの》職の事）……一日目
布施朝臣御主人《みぬし》（太政官の事）／石上朝臣麻呂（法官の事）／大三輪朝臣高市麻呂（理官の事）、大伴宿禰安麻呂（大蔵の事）／藤原朝臣大嶋（兵政官の事）……二日目
阿倍久《く》努《のの》朝臣麻呂（刑《うたえの》官の事）／紀朝臣弓張（民《かきの》官の事）／穂積朝臣虫麻呂（諸国司の事）／大隅・阿多の隼人および倭《やまと》・河内の馬飼造……三日目
百済王良虞／（国々造等）……四日目

のち持統三年（六八九）の飛鳥浄御原令で整備される八官制の前身である。ここで注目したいのは、壬生の事、つまり皇子女の養育を担った大海宿禰麁蒲は、天武の姥を出した氏族と見做されることと、有力な海人族を含む朝廷の高官に混じって、大隅・阿多の隼人や倭・河内の馬飼造、白村江敗戦後に亡命して臣下となった百済の王族が参加していることだ。

話は飛ぶが、『竹取物語』でかぐや姫に虚仮《こけ》にされる五人の貴公子は、江戸天保年間の国学者加納諸平が、持統朝末期から文武朝初期にかけて朝廷の中心人物であった左の人物がモデルであると比定して、以来有力視されている。

石作皇子　右大臣多治比真人島
車持皇子　藤原朝臣不比等
右大臣阿倍御主人　大納言阿倍御主人
大納言大伴御幸　大伴宿禰御幸
中納言石上麻呂足　中納言石上麻呂

すなわち、『竹取物語』（貞観末年成立？）の作者からすると、彼ら朝廷の高官はみな愚物なわけだ

から、二百年後には、律令国家に対する見方は大きく変わるのである。これを逆に言うと、天武・持統朝は、古代国家を完成するのに、いかに躍起となり、深謀をこらしたか、為政者のたくらみは相当なものだったといえる。

周知のように、古代大和朝廷が国家としての骨格を作りあげるために導入したのは、中国の制度であった。おそらくそれは、七世紀初頭の聖徳太子の時代に発し、それが実を結ぶのに百年の歳月を要したのである。

具体的には、民を治めるための律令、権力の根拠としての歴史書、経済を支える貨幣、施政の場である王都、それらを一つに結ぶ命令伝達手段としての漢字、ということになろうが、なかでも統治の根幹をなすものとして最重要なのが、法と歴史であったことは言うまでもない。

血縁、地縁で結びつく、家族や部族における小地域の共同体と違って、国家は法を作り、それを守らせることで、人々を支配し、治める。それは強制力を持つが、反面、それを構成する人々からすると、結果的に自分たちが国家から守られ、国家に帰属しているという幻想が与えられていなければならない。

けれども、国家の側からすると、それでもまだ不足である。自分たちの国家がどれほど由緒正しい謂《い》われを持つか、配下の人々を十分に納得させられなければならないのだ。

つまり、当の国家にとっては、唯一正統な歴史書が求められるわけで、それが天武十年（六八一）三月の『日本書紀』編纂の詔《みことのり》であった。

しかるに、『古事記』序は、同じ天武が発した詔を、左のように記す。

是《ここ》に、（天武）天皇詔《の》りたまひしく、「朕《われ》聞く、諸家の賷《もた》る帝紀と本辞、既に正実《まこと》に違《たが》ひ、多く虚偽を加ふと。今の時に当りて、其の失《あやまり》を改めずば、未だ幾年をも経ずして其の旨《むね》滅びなむとす。斯《こ》れ乃ち、邦家《くにいへ》の経緯《たてぬき》、王化《みおもぶけ》の鴻基《こうき》なり。故惟《かれこ》れ、帝紀を撰録し、旧辞を討覈《とうかく》して、偽りを削り実《まこと》を定めて、後葉《のちのよ》に流《つた》へむと欲《おも》ふ。」とのりたまひき。時に舎人《とねり》有りき。姓《うぢ》は稗田、名は阿礼、年は是れ廿八。人と為《な》り聡明にして、目に度《わた》れば口に誦《よ》み、耳に払《ふ》るれば心に勒《しる》しき。即ち、阿礼に勅語して帝皇《すめらみこと》日継及び先代旧辞を誦み習はしめたまひき。然れども、運《とき》移り世異《かは》りて、未だ其の事を行ひたまはざりき。

結びは、こうである。

大抵《おほかた》記す所は、天地開闢より始めて、小治田《をはりだ》の御世（推古天皇）に訖《をは》る。故、天御中主神以下《あめのみなかぬしのかみよりしも》、日子波限建鵜草葺不合命《ひこなぎさたけうがやふきあへずのみこと》以前《よりさき》を上巻と為《な》し、神倭伊波礼毘古《かむやまといはれびこ》（神武）天皇以下、品陀御世《ほむだのみよ》（応神天皇）」以前を中巻と為し、大雀皇帝（仁徳天皇）以下《よりしも》、小治田《をはりだの》大宮以前を下巻と為し、幷《あは》せて三巻を録《しる》して、謹みて献上《たてまつ》る。臣安万侶誠恐、頓首頓首。

和銅五年正月廿八日　　正五位上勲五等太朝臣安万侶《おほのあそみやすまろ》

いかにも尤《もっと》もらしい堂々たる筆致と署名は、かえって嘘くさいと疑ってかからねばならぬところを、昭和五十四年（一九七九）一月、この安万侶の墓が奈良市田原町の茶畑から偶然発見され、墓誌の勲位の記載が序のそれと一致したというので、私もまんまと騙されてしまった。

三浦佑之著『古事記のひみつ』が鋭く指摘するように、「律令国家の建設を推し進める天皇が、まったく別な二種類の歴史書を作ろうと考えることなどありえない。それは、諸家の伝える帝紀や旧辞を、「もう二つ」作ることになってしまい、唯一の歴史を持とうとする天武の意志とも矛盾してしまう。どう考えても、古事記「序」と天武紀に録された二つの編纂事業が、同時に行われたと考えるのは無理」なのである。

　氏の結論は、『古事記』の序が付けられたのは、『日本書紀』の講書がおこなわれた弘仁四年（八一三）か、その直前で、太朝臣安万侶に仮託した「序」を偽造したのは、講書にあたった多朝臣人長かその周辺の人物であろうというもの。といって、『古事記』の本文まで偽書とは言っていないのは、その神話や伝承に見られる表現の古層性や系譜の古層性を評価しているからで、まさに同感である。

　天武が推進した律令国家の仕組みは、持統の代で完成する。朱鳥《あかみとり》元年（六八六）九月九日天武が亡くなると、ただちに鸕野皇后（持統）が臨時称制（即位せずに執政）という形で全権を掌握した。そして、天武の殯《もがり》がおこなわれている最中の十月二日、大津は皇太子への謀反を企てたとして逮捕され、死を賜った。その果断と素早い行動で、持統は天皇としての資質を群臣に見せつけたのだ。

太安万侶墓誌

　四年後の即位、持統十年（六九六）の軽立太子・即位（文武）、文武と持統太上天皇の共治という一連の過程は、それまでの皇位継承方式の大いなる転換であった。持統から文武への譲位は、「天つ神の御子として、高天原に坐す神の依《よりま》しをうけた現御神（持統）が、（文武に）天皇位を授け賜う」と即位宣命に記されている。ここに名実ともに、高天原神話が完成したのである。

　即位後、持統は高市を太上大臣に任じ、飛鳥浄御原令の施行、藤原京造営といった大事業を着々と実施していく。記紀編纂の続行はもとより、吉野への度重なる行幸や、壬申の乱の跡をたどるかのような伊勢行幸もおこなった。

高市亡きあと、持統の片腕となったのは、藤原不比等である。不比等の娘宮子は文武の即位と同時に妃の一人となった。宮子の産んだ首皇子《おびと》がのちの聖武天皇だ。この宮子は、その「海人の娘」としての伝承を、梅原猛氏が『海人と天皇』のなかで詳細に扱っているので、同著に譲って、先へ進む。

七〇一年、大宝律令が完成し、翌年諸国に頒《わか》ちくだされると、同年十月十日、持統は三河へ出発する。『続日本紀』は、十一月十三日尾張、十七日美濃、二十二日伊勢、二十四日伊賀と行幸し、諸国で租庸調を免じ、軍事・百姓に賜封・賜禄を授けたと記すが、三河での行跡については、なぜか黙して語らない。持統崩御は、帰京して間もない十二月のことであった。

ここで不思議なことが二つある。一つは、『日本書紀』も記していることだが、天武天皇が三野（美濃）王らに命じて、信濃国に都を造ろうとしたことである。白村江での大敗、統一新羅国の樹立で、朝廷が唐や新羅の侵略を恐れたのは理解できるが、奥地にあるので防衛上有利とはいえ、都から遠く離れた地に行宮《あんぐう》を造営し、行幸まで企てるとは、ただごとではない。いかなる思惑があったのだろうか。

もう一つは、持統太政天皇最晩年の三河行幸である。一か月もの長期間、持統は三河で何をしていたのか。私の知人で、『穂国幻史考』の著者である地元の郷土史家柴田晴廣氏は、反朝廷勢力の征討であったと大胆に推理するが、後年の『延喜式神名帳』（九二七）を見ても、式内社数が伊勢国二百五十三座、尾張国百二十一座に対して、三河国は二十六座と極端に少ないことを考えると、その可能性は高い。

この柴田氏は、狭穂彦王の妹狭穂姫が垂仁天皇の皇后になった翌々年に、出雲神宝献上事件が起きて、出雲振根《ふるね》が殺害され、その十三年後、狭穂彦・狭穂姫の乱が起きていることと関連付けて、出雲振根＝丹波道主と仮定すれば、丹波道主王＝狭穂彦王の仮説も成り立つとして、狭穂彦王の弟袁耶本王は迦具夜比売と狭穂彦王とのあいだに生まれた袁耶弁王《おざべのみこ》であったと主張する。

こうなると本牟津別王＝朝廷別王ということも考えられ、穂国の祖とされる穂別は、朝廷別王が祖であることから、一挙に丹波と結びつく。天武・持統を頂点とする王権側が、依然海人族の動向に注意を払っていたことを思うと、私はそう突飛な考えだとは思わないのだが、どうだろうか。

付け加えるなら、柴田氏の三千頁を優に超える新著『牛窪考』で、氏は祖父が地元で香具師の頭をしていたことに関連して、香具師《やし》の名は香具山の香具に由来するとし、映画「男はつらいよ」でフーテンの寅さんを演じた故渥美清の芸名も渥美半島の出身だったことにちなんでいると書いている。後述するが、渥美は安曇族東上の際の拠点だったことを明かす地名だから、つくづく海人族との縁は深い。

## 天語歌と海語歌

話がやや横道に逸れた。再び元に戻す。『古事記』雄略天皇の段に、次のような三つの歌謡が載る。一つ目は、長谷の百枝《ももえ》槻《つき》のもとに坐って豊楽の宴をしたときのことで、伊勢国三重の采女が、盞《うき》に落葉が浮いているのを知らずに、天皇に大御盞《おおみさかずき》を献上した。怒った天皇が采女を打ち伏せ、刀を首にあてて切ろうとしたそのとき、「吾が身を莫《な》殺したまひそ。白すべき事有り。」と言って詠ったとされる歌である。

纏向《まきむく》の　日代《ひしろ》の宮は　朝日の　日照る宮　夕日の　日がける宮　竹の根の　根垂る宮　木《こ》の根の
根蔓《ばば》ふ宮　八百土《やほに》よし　い築《きづ》きの宮　真木《まき》さく　檜《ひ》の御門《みかど》　新嘗屋《にひなへ》に　生ひ立てる　百足《ももだ》る
槻《つき》が枝《え》は　上枝《ほつえ》は　天《あめ》を覆へり　中つ枝は　東を覆へり　下枝《しづえ》は　鄙を覆へり　上枝の　枝の
末葉《うらば》は　中つ枝に　落ち触らばへ　中つ枝の　枝の末葉は　下つ枝に　落ち触らばへ　下枝の
枝の末葉は　あり衣《きぬ》の　三重の子が　指挙《ささが》せる　瑞玉盞《みづたまうき》に　浮きし脂《あぶら》　落ちなづさひ　水《みな》こをろ
こをろに　是《こ》しも　あやに恐《かしこ》し　高光る　日の御子　事の語言《かたりごと》も　是《こ》をば

「朝日の日照る宮　夕陽の　日がける宮」は、ニニギノミコトの宮作りの条の「朝日の直さす国　夕日の日照る国」などの詞章に類似した国誉め。「浮きし脂　落ちなづさひ」や「水こをろこをろに」は、諾冊二神の国生み伝承の詞章と直《じか》に結びつく。木の葉の落ちることを上中下、三層の枝に分けて歌っているところは、宗像や住吉の祖神を三層ごとに区別したことを受けての、海人族特有の世界観の現れと解釈できる。

雄略の代のことであるはずなのに、冒頭、「纏向の宮」と景行天皇の宮を詠っているのは明らかな錯誤で、してみると、かかる伝承歌は古くから知られていた独立した寿歌をここに当てはめた結果であろう。

それにしても、盞《うき》に木の葉が浮いているぐらいで、采女を殺そうとするのは、いかがなものか。それは、天皇と臣下とのあいだというより、ヤマトタケルとクマソタケルのような征服者と被征服者とのあいだの支配と隷従の関係を暗示している。つまり、深読みをするなら、ここには海人族が天皇家に服従した歴史が隠されている。この歌を聞いて、天皇は三重の采女の罪を許し、皇后の唱和したとされる歌が二つ目。

倭《やまと》の　この高市《たけち》に　小高る　市の高処《つかさ》　新嘗屋《にひなへ》に　生ひ立てる　葉広　五百箇《ゆつ》真椿《まつばき》　其《そ》が葉の
広り坐《いま》し　その花の　照り坐す　高光る　日の御子《みこ》に　豊御酒《とよみき》　献らせ　事の語言も　是をば

一つ目が槻の木に寄せての寿歌なのに、ここでは椿が詠われているのは、常緑の葉の広さ、厚さ、つややかさが、生命力の強い呪力をもつものとして、宮廷の祭式に欠かせないものだったからだ。三つ目は、天皇が詠ったとされる歌。

ももしきの　大宮人は　鶉《うづら》鳥　領巾《ひれ》取り懸けて　鶺鴒《まなばしら》　尾行き合へ　庭雀　うずすまり居て　今
日もかも　酒みづくらし　高光る　日の宮人　事の語言も　是をば

三首共通の結び、「事の語言《かたりごと》も　是《こ》をば」が難解だが、「以上が、事の次第を語る詞章です」というほどの意の常套句。といえば、八千矛の神（大国主）が越《こし》国の沼河比売に求婚しようとして詠ったとされる長歌が思い出される。

八千矛の　神の命《みこと》は　八島国　妻枕《ま》きかねて　遠遠し　高志《こし》の国に　賢《さか》し女《め》を　有りと聞かして
麗《くは》し女を　有りと聞こして　さ婚《よば》ひに　あり立たし　婚ひに　あり通はせ　太刀が緒も　いま
だ解かずて　襲《おすひ》をも　いまだ解かねば　嬢子《をとめ》の　寝《な》すや板戸を　押そぶらひ　我が立たせれば
引こづらひ　我が立たせれば　青山に　鵼《ぬえ》は鳴きぬ　さ野つ鳥　雉《きぎし》はとよむ　庭つ鳥　鶏《かけ》は鳴く
心痛《うれた》くも　鳴くなる鳥か　この鳥も　打ち止《や》めこせね　いしたふや　天馳使《あまはせづかひ》　事の語言も　是

をば

ここで「天馳使」とあるのは、原文では「阿麻波勢豆加比」となっている。この「天馳使」を「海《ア》部《マ》駈使丁《ハセツカヒ》」と読みかえて、「神祇官の配下の駈使丁として召された海部の民を言うたらしい。」と述べたのが、折口信夫である。続く一節を、「国文学の発生」（第四稿）から引用する。

此等の海部の内、亀卜に達したものが、陰陽寮にも兼務する事になつたものと見える事は、後代の事実から推論せられる。此等の海部《アマ》駈使丁《ハセツカヒ》や、其固定した卜部が行うたことほぎの護詞や、占ひ・祓への詞章などの次第に物語化し――と言ふより一方に傾いたと言ふ方がよい――たものが「海部《アマ》物語《ガタリ》」であり、其うたの部分が「天語歌」であつたと言へよう。海部駈使丁の聖職が分化して、卜部と天語部とを生じた。天語部を宰領する家族なる故の天語連《アマカタリノムラジ》のかばねまで出来た。

其伝へた詞章の中のある一類は、神語とも伝へたのであらう。神語は天語の中の秘曲を意味するらしく、天語なる事に替りはない。古く、すでに「海部《アマ》物語《ガタリ》」を「天つ物語」と感じて、神聖観をあまの音に感じ、天語と解したのである。其囃しとも乱辞《ヲサメ》とも見える文句は、天語連の配下なる海部駈使丁の口誦する天語の中の歌だと言ふ事を保証するものであつた。其が替へ歌の出来るに連れて、必然性を失うて、囃し詞に退化して行つたのである。

天語ノ連（或は海語ノ連）は齋部氏の支族だとせられてゐる。其から見ても、神祇官の奉仕を経て、独立を認められて来た、卜部関係の語部なることが知れる。記・紀・万葉に、安曇氏や、各種の海部の伝承らしい伝説や歌謡の多いばかりか、其が古代歴史の基礎中に組み込まれてゐるのは、此天語部が宮廷の語部として採用せられたからである。

わずかばかりの手がかりをもとに、一瞬にしてその本質を鋭く照らし出す折口の洞察は、いまも後学に大きな影響を与え続けている。これを受けて、前述したごとく、前川明久氏はヤマトタケル物語にみえる四首の挽歌は、伊勢の海部の間で唱和されていた伊勢地方の民謡ではないかと考えたし、土橋寛「宮廷寿歌とその社会的背景」も、『新撰姓氏録』右京神別上に天語連が見え、その祖神が神魂命七世孫、天日鷲命《あめのひわしのみこと》であるところから、それは伊勢の諸氏族の祖とする神でもあることを指摘して、天語連は伊勢の海部出身の駈使丁が語部《かたりべ》となったものであろうと述べたのであった。

私がここで天語歌のことを取りあげるのは、海人族との関係に注目するからだが、より精緻な論考は、次田真幸氏の「天語歌の成立と阿曇連」である。氏は天語歌三首に用いられた「高光る」「ももしきの」「真木さく」などの枕詞について用例を検討した結果、その成立年代は持統朝で、天語歌は阿波国北東部を本拠とした阿曇氏に率いられた天語連によって伝承された宮廷寿歌であるとし、この天語歌が天武期に成立した大嘗祭後のものなのに、景行天皇の新嘗儀礼を称える内容なのは、隼人族、およびその同系の阿曇連の服属が、景行天皇の時代のこととして伝えられていたことによると説明した。また、かかる寿歌が伊勢国の三重の采女の物語と結びついたことについては、阿波国斎部（忌部）と同祖関係にあった天語連が、伊勢国造と同族で、その歌は伊勢国造にも伝承されていたからであろうと結論する。

そのほか、林屋辰三郎「天語歌から世継物語へ」は、『続日本紀』養老三年十一月条に「少初位上朝妻子手人龍麻呂、海語連の姓を賜ひ、雑戸号を除く」という記事に着目して、古く大和国葛上郡朝妻に住していた人々が帰化氏族の多く住む近江湖東の地に移り、御贄を貢ずる一方で、寿詞の職掌を担当、それが近江国坂田郡朝妻の海語連であったと指摘し、郷内に「世継」地名が残ることから、後世「世継の翁の物語」の担当もしたのではなかったかと推定した。

どれも興味深い見解で、私はいずれとも定められないでいるが、管見に入った範囲で異色なのは、山上伊豆母氏の論考「ことのかたりごと」の系譜」である。氏は古代伝承中の巫術的呪禱歌謡や寿祝の唱謡に必須の楽器は琴であったことを理由に、「ことのかたりごと」の「こと」は琴で、唱謡の伴奏に使われたとする。

反対に、八千矛の天語歌には「海洋のかおりがしない」、「天語連と海語連は、その出自また成立の条件において異なり、直接的な結びつきは認めにくい」という理由で、折口説に異を唱える論考もある。

青木紀元氏は神語りと天語歌の形式を精査し、「いしたふや天馳使」は末尾の囃子言葉と無関係で、八千矛の神の歌謡でいうと、登場者である「天馳使」に向かって、どうか鳥を殺さないでくださいと嘆願していると解く。

たしかに、八千矛神の歌には、やたらに鳥が登場する。そういえば、雄略天皇が詠ったとされる歌謡にも、鶉、鶺鴒、雀と、鳥が出てくる。まるで鳥尽くしだ。

「遥かに隔てる道の間をも、言通はす使を、虚空飛鳥に譬《たとえ》ていへるにや」と言ったのは、本居宣長『古事記伝』だが、その鳥こそ天馳使そのものと言えなくもない。鳥・天語・琴とくれば、シャーマニズムの本場、東北アジアとも連絡する。

前にも述べたように、古代人にとって鳥はこの世とあの世、天界と地上とを繋ぐ使者であった。しかし、天鳥船、鳥磐楠船という言葉もあって、海のイメージも揺曳する。

折口説に同意するにせよ、しないにせよ、また他の諸氏の見解に同意するにせよ、しないにせよ、かかる天語歌・海語歌がもとになって、その後、さまざまな海人語りが生まれたのは確かである。それはやがて、物語や地方説話、説経、能、浄瑠璃、歌舞伎と、折口の言う「海人藝術」「奴隷藝術」に発展する。

## 斎王の不思議と八十嶋祭

伊勢信仰と関連してここで付言しておきたいのが、斎王の存在である。起源は崇神天皇の皇女トヨスキイリヒメと垂仁天皇の皇女ヤマトヒメに求められようが、制度として整備されたのは、天武朝以後と考えられる。

斎王は天皇即位の初めに未婚の内親王の中から卜定《ぼくじょう》される。宮城内の初斎院で約一年、郊外の野宮で約一年潔斎し、卜定後三年目の九月、天皇に別れを告げ、官人官女に加えて、京極まで見送る勅使など五百人強を従えて伊勢斎宮に群行した。群行路ははじめ伊賀越えだったが、やがて近江国府・甲賀・垂水から伊勢の鈴鹿・一志に設けられた頓宮に宿泊し、五泊六日の行程で、多気の斎宮に入った。

斎王はふだんこの斎宮で潔斎生活を続け、伊勢神宮の三節祭（六月、十二月の月次祭と九月の神嘗祭）には、下宮と内宮に参り、太玉串を捧じて拝礼する大役を務めた。

このように斎王は天皇に代わってひたすら皇祖アマテラスを奉斎する至高の巫女としての役目が与えられていたため、斎戒は他に例を見ないほど厳重を極めた。任を解かれるのは、当代天皇の譲位か崩御、肉親の不幸によるが、本人の病気、過失なども罪ケガレとなり、退任せねばならなかった。

天皇一代に斎王一人が原則。帰任の際は、都に戻る前、必ず難波津で禊ぎをおこなった。後醍醐天皇の時代（一三三〇年頃）に廃止されるまでの約六百六十年間、天武天皇の娘大伯皇女《おおくのひめみこ》から数えると六十四人の斎王が出ている。

ところで、どうにも納得出来ないのは、アマテラスの御杖代《みつえしろ》としてかくも厳重に斎戒を守ったはずの斎王なのに（だからこそと言うべきか）、名前を明かしていないとはいえ、第三十二代斎王恬子《やすこ》内親王（文徳天皇皇女）をモデルに、当代一の色好み在原業平と密通したと、『伊勢物語』に語られていることである（後述一八三頁参照）。しかも、これは単に物語上のことではなくて、当時は周知の事実だったと主張する有力な古代学者（角田文衛氏）がいるのである。これは、どうしたことだろうか。

ついでに、歴代の斎王が帰任する際、難波津に出向いて禊ぎをおこなったことと関連して、この地で平安・鎌倉期に八十嶋祭が営まれたことについても触れておきたい。

八十嶋祭は、大嘗祭前の禊祓《みそぎばらい》とする説と、大嘗祭後の即位儀礼とする説の二つに、見解が大きく分かれているが、祭司が天皇の衣を納めた筥《はこ》を開いて琴の音に合わせて振り動かす行為が祭儀の中心であったと、岡田精司氏が指摘しているのは興味深い。

八十嶋祭は即位礼の一環をなすもので、その中心をなす神事――神琴の音に合せて御衣の筥を開き振り動かすことによって、〈大八洲之霊〉を招いて新たに即位した天皇に付着せしめ、国土の統治者としての宗教的資格を付与せしめるものであった。（「即位儀礼としての八十嶋祭」）

岡田氏によると、八十嶋祭の祭神は生島《いくしま》・足島《たるしま》神である。儀式には宮廷の御巫《みかんなぎ》の生島巫が必ず同行して、この魂ふりに関与したというのである。この神を祀る生島足島神社は本州の臍に位置する信州上田に鎮座している。創建の年代は不明だが、このことはひょっとして、天武天皇が信濃に都をつくろうと企てたことと関係するかもしれない。

他方、この岡田説に頑強に反対するのが田中卓氏である。

元来の八十嶋祭は大嘗祭の前に行はれる禊祓を主目的とし、そのために住吉の神領であつた難波津において、住吉関係諸神を奉斎して、祭儀が行はれたのであろう。(『八十嶋祭の研究』)

国生み神話の舞台、淡路島やおのごろ島(神島)は難波の海のすぐ目の前である。しかも、斎王が帰任する際には必ず立ち寄って禊祓をしたというのだから、田中説も否定できない。

いずれにしても、この難波は海神を祀る住吉大社が鎮座して、伊勢同様に、海人族にとってはもちろん、天皇家にとっても重要な場所だった。その儀礼に衣や筥が大切な役目を果たしているのは、大嘗祭の真床覆衾行事のみならず、記紀の神話や浦島・竹取からの影響も及んでいるように感じられてならない。

# 第三部　エビスたちの日本列島

# 第1章　東と西の海人族

## 海人族東上

ここからは、主に海人族のゆくえについて述べる。古代海人族は、宗像系、隼人系、安曇（阿曇）系の三つに大別される。

宗像系海人は、操船にすぐれ、遠洋航海に長じ、潜水・素潜りを得意とした。多紀理毘売命《たぎりびめのみこと》、市寸嶋比売命《いちきしまひめのみこと》、多岐都比売命《たぎつひめのみこと》三女神を主神とする集団で、主に日本海沿岸部に広く分布した。丹後の浦嶋子や海部氏はこの系統。

隼人系はインドネシアが源流で、オオヤマツミの神を奉じ、のち瀬戸内水軍の中核として成長していく。最も戦闘的な海民集団である。

対して安曇系、およびその傍系である住吉系は、インド・チャイニーズ系と言われている。船を使い、釣りや網漁を併用し、航海を得意とした。中国南部の閩越《びんえつ》地方の漂海民の系統を引き、大陸の沿岸部に沿って北上して山東半島から遼東半島、そして朝鮮半島西岸を南下、南西海岸、多島海、済州島方面を経て、玄界灘に達し、博多湾の志賀嶋を本拠地としていた。

この安曇系海人は、筑前・肥前・豊前・豊後など、北部九州沿岸の海域をも根拠地として、さらに広く西日本太平洋岸に移動したようである。すなわち、北九州から瀬戸内海を経て紀伊半島に出て、志摩半島に重要な基地を築く。

問題はそこから先で、ヤマトタケルの東国遠征（あくまで伝承上のことだが）を例に言うと、『古事記』では伊勢から尾張まで行くのに、そのコースは書かれていないけれど、伊勢と美濃・尾張の国境は、揖斐川・長良川・木曾川の河口に臨む低湿地で、陸路は困難をきわめたであろうから、おそらくは伊勢湾を船で横切り、答志島や神島に寄りながら、渥美半島（渥美は安曇に通じる）の先端の伊良子岬を経由して、熱田神宮の近くに上陸したと考えられる。

三島由紀夫が『潮騒』の舞台とした神島は、ゲーター祭で名高い。ゲーターの語源は不明だが、日輪を模してグミの枝を束ね白い紙で巻いたアワと呼ばれる大きな輪をつくり、元旦の早朝、浜に担ぎ出して、紙矛をつけた長い棒で突き上げる。アワが高く上がれば上がるほど豊漁になると言い伝えられる民俗行事で、まさに海人族にふさわしい祝祭である。

神島のゲーター祭

〽名も知らぬ遠き島より流れ寄る椰子の実一つ——伊良子岬は、柳田國男が遠く南の島から流れ着いた椰子の実を見つけて感動し、友人の島崎藤村に語ったのを、藤村が作詞して、それが小学唱歌「椰子の実」となった場所。伊勢から渥美半島にかけて、伊勢湾や三河湾は、安曇系海人の好漁場であったろう。漁撈を得意とする安曇族は川漁にも目をつけたに違いない。木曾川の河口近く、今でも愛知県海部郡が存在し、その北部に岐阜県海津市がある。

周知のように、ヤマトタケルの軍隊はその後、相模を経て伊豆半島の走水から再び海を渡って、上総に上陸。東国の蝦《え》夷《みし》を言向け、帰りは甲斐、科野《しなの》と内陸部を尾張まで行く。後年、実際にも大和の王権側は、鹿島・香取の二社を前進基地に、蝦夷征服のため、さらにみちのくの奥地深くまで進軍するけれど、大半が陸路なのは、古代においてある時期まで、太平洋側は波が荒くて、航海に不向きだった証拠である。

けれども、船の大型化に伴って、やがて東海から伊豆半島を廻って、外房から常陸、さらにその先へと向かう沿岸航路が開発される。この場合、伊豆半島の果たした役割が大きかった。たとえば、今日静岡県三島に鎮座する三島神社の前身である白浜神社は、三宅島を正面に望む半島南端の賀茂郡白浜町にあって、その地が賀茂と呼ばれたのは、京都の上下賀茂神社に仕えた海人が移住して、神領を開発したからだ（賀茂〔鴨〕氏は、本来大和国葛城山と山城国葛野が本拠。鴨の泳ぐ池にコトシロヌシを祀った鴨都波神社を建てたことから、鴨君を賜姓された。「延喜式」では全国に賀茂郡が六つあり、安芸のそれも銘酒「賀茂鶴」などで、よく知られている）。

この三島神社の祭神は、明治になってコトシロヌシに改まる以前はオオヤマツミだった。白浜神社の祭神イナコ（伊奈古）ヒメはオオヤマツミの妻で、コノハナサクヤヒメの母。コノハナサクヤヒメは富士浅間神社の祭神だから、南九州からやってきたこの親子の神々が、仲良く伊豆の白浜、三島、富士に祀られたことになる。

伊豆半島は、太平洋岸には珍しく沿岸の地形が入り組んでいて、港湾に適している。戦国大名の後北条氏の配下に組み込まれて、甲斐武田氏の武田水軍と駿河湾で幾度も海戦を繰り広げたことで名高い伊豆水軍は、その多くが熊野からやって来て伊豆に住み着いた海賊衆の子孫で編成されていた。

安房という国名は、四国阿波の忌部氏が、一族を率いて移住したことから名付けられたとされる（『古語拾遺』）。宮中の内膳司を務めた膳部《かしわで》氏の後身高橋氏の一族も、安房で繁栄した。イワカムツカリノミコトを祖とし、同僚の安曇氏と次席争いをした際、自らの優位を主張するため、延暦八年（七八九）に『高橋氏文』を奏上した。のち安芸国大島上島に進出して海賊衆となった伊予国高橋郷の高橋氏も同族だから、海人の血は脈々と流れていたと言えよう。

近世のことになるが、外房で盛んになった沿岸部のイワシ漁は、紀伊半島から移住した漁師が伝えたものだし、東京湾に臨む佃島は、徳川家康の命令で集団移住した大阪湾の漁民が開発した。

常陸の大洗磯前神社の存在も、海人族東上の足跡を語るもとして、逸することができない。同社は、太平洋の荒波が砕ける岩礁地帯に立地する。『文徳実録』斉衡三年（八五六）に、左のような記事が載っている。

――常陸国からの知らせによると、鹿島郡大洗磯前に神が新たに降った。海水を煮て塩を作っていた人が夜半に海を望むと、天のあたりが光り輝いていた。翌朝になって見ると、水際に高さ一尺ばかりの二つの怪しい石があった。塩焚きの翁は不思議に思ったが、翌日には、この石の左右に侍すようにして二十余の小石があった。その石は、不思議な彩色がしてあり、あるものは形が僧に似ていて、耳と目がなかった。そのとき、人に神が憑いて、「我はこれ大奈母知少比古奈命なり。昔、此の国を作り終えて、東海に去りしが、今、民を救うため、また帰り来たり」といった。

大洗磯前神社、海岸の鳥居（『日本の神々　神社と聖地』白水社、より）

別々の神であるオオナモチとスクナヒコナが、ここでは一体となってしまっているのが面白い。

他方、日本海側は、太平洋岸と異なり、船が繋留しやすい波静かな潟湖があちこちに発達しているせいで、出雲、丹後、若狭、敦賀など、沿岸の各地に宗像系海人族の拠点があった。

スクナヒコナやヒルコが訪れ、ふたたび還っていった出雲の美保岬がそうなら、浦嶋子を出した丹後半島日置の里筒川も、その一つ。『丹後風土記残欠』は、「天吉葛《あまのよさつら》」からとった匏《ふくべ》で霊水を「泥真名井」に降り注いで、田を造り国を開いたとしているが、これはヒョウタンを霊器とした海人族が持ち伝えたものであったろう。ちなみに、水野祐氏は、新羅の王を補佐した瓠公《ひょうこう》は倭人であったが、日本海を渡るとき、瓢簞を腰に付けていたので瓠公と呼ばれたという朝鮮の伝承に触れ、「彼はタバナの人で、これはおそらく丹波国のことであろう」と述べていた（『古代の出雲』）。

徐福伝説も、この例である。秦の始皇帝の求めに応じて、不老不死の仙薬を入手するために船出した徐福が到着したとするこの伝説は、太平洋側の熊野や八丈島にもあるが、日本海側にも分布している。五穀の種を携え、技術者も同行、少年少女を含めた集団であることから、始皇帝の暴政を逃れた難民だった可能性もある。難民といえば、私は先年南ヴェトナム陥落時（一九七五）に、黒山の老若男女を積んで九州各地の沿岸に漂着したボート・ピープルのことが忘れられない。

出雲と越との交渉は、前述したオオナムチとヌナカワヒメの逸話で十分だろう。そして、この日本海側の特徴は、大陸や朝鮮半島に近いせいもあって、アメノヒボコ伝承や神功皇后伝説にみられるごとく、渡来人との交渉が密接だったことだ。

気比神社に近い能登半島の付け根、寺家遺跡もその一つ。敦賀の松原客館では、渤海からの使者と応接した。私はこれまで既著で白山信仰の謎についてさまざま書いてきたが、開祖とされる泰澄は、越前国麻生津《あそうづ》の出身で、秦澄の父親は日本海を航行する商船の船長だった。

サケの捕獲のみならず、鉱産物を採掘するために、川を遡った海民もいた。彼らは中世は山の民、近世は川の民として、越後と出羽の国境いにある三面川の流域に住みついた。ワタリやタイシと呼ばれた彼らの生態は、井上鋭夫氏が『山の民　川の民』で、活写している。

また、阿倍氏は古くから北陸方面の計略で活躍した氏族だが、阿倍は饗《あへ》に由来するから、その職掌は海人族ならでは。駈使部《はせつかべ》の長を務めていたくらいだから、いよいよ縁は深い。越国の国守だった阿倍比羅夫は、水軍百八十隻を率いて飽田、渟足《ぬたり》に遠征し、斉明天皇四年（六五八）にエミシを討ち、翌々年には、弊賂辨嶋《へろべのしま》（北海道南部の奥尻島か）でオホーツク人と戦った。オホーツク人はシベリアを出自とする北方の少数民族。千島寒流を南下した海人族と、対馬暖流を北上した海人族とが、そこで出合ったのである。この阿倍比羅夫、百済救援のため、六六二年には朝鮮半島に出兵し、白村江の戦いで敗北したことでも知られている。

## 安曇野と諏訪

ところで、前にも述べたが、山国信濃の松本盆地に安曇野の地名があり、ここははるか古代に安曇族が川を溯って集団移住した土地として知られている。彼らはいったいなにゆえそのような奥地に入り込み、何を目的に、いつ頃どのような経路を辿って、辿り着いたのだろうか。

安曇族がこの地に分布していた動かぬ証拠は、正倉院御物中、天平宝字八年（七六四）十月、信濃国の貢進にかかる調布に、安曇郡前科郷戸主安曇部直羊、また郡司主帳従七位上安曇部百鳥の名前があることだが、その上限はおそらく弥生時代にまで遡るであろう。

海民、漁民といえども、沿岸部に定住化するにつれ、兼業として農耕もおこなった。そのうち、川を遡上する者も現れ、何代も何百年もかけて、内陸部への移動を推し進めていった。琵琶湖に流れ込む安曇川流域は、名前が示すように安曇族の入植地だったし、ほかにもその地名から安曇族が入植したと考えられる地は、アツミ（渥美、温海、熱見、厚見）、アタミ（熱海、阿譚）、アクミ（飽海）などがある。

信州安曇野への入植経路は、太平洋側からと日本海側からの両方の可能性が考えられる。はじめに前者から見ると、一つは木曾川河口から遡るコースで、藪原あたりで川と別れ、鳥居峠を越えれば、やがて目の前に広々とした高原が開けくる。もう一つは、三河や遠江から天龍川を遡るコースで、伊那谷を経由して辰野から松本方面へ向かう。黛弘道氏の和田＝わた（海）地名説を肯《うべな》うなら、縄文期における黒曜石の産地として知られる和田峠も気になる。その北側は千曲川、南側は天龍川である。先史の時代から、こんな奥地にまで入り込むほど、彼らは意欲的だった。

後者は、越後の信濃川もしくは関川を遡上して、善行寺平を経由するコース。姫川を遡行するコースもある。周知のように、姫川下流域は翡翠《ひすい》の原石を産することで、古来有名な土地であった。前述したごとく、八千矛神の沼河比売求婚譚は、天馳使い、つまり海人集団によって語られた叙事詩であり、歌舞であった。

黒曜石や翡翠は、北は三内丸山遺跡へ、南は海を渡った八丈島へと、早くから列島の各地に運ばれた。そのことに携わったのが、これらの海人たちだったのである。

こうして、何代にもわたって入植し、未開の地の開拓にあたった彼らは、やがて安曇野の中心部の鬱蒼たる森の中に、延喜式式内社穂高神社を祀った（奥宮は上高地の明神池畔に鎮座）。祭神は本殿に穂高見命、左殿に綿津見命、右殿にニニギノミコト。いずれも、海神系の神で、九月二十六・二十七日の例大祭は、「御船祭」の名で呼ばれ、山車を舟形にしつらえ、飾り物を含めて、全体を船と称している。

併せて見ておくべきは、同社の南方に鎮座する住吉神社だ。文献上は『吾妻鏡』文治二年（一一八六）の条に住吉庄の名があるのを最古として、鎌倉以前には遡れないが、『安曇族と住吉の神』の著

御柱祭の河渡し

穂高神社

者亀山勝氏は、新羅の侵攻に対する防衛策として、信濃に都をつくろうと三野（美濃）王を派遣した天武天皇の構想（天武紀十三年二月）を論拠に、七世紀後半には創建されていたと述べている。先に指摘した生島足島神社とのつながりも考えていいだろう。

　天龍川を遡上すると行き着く諏訪湖畔に鎮座する諏訪大社（上社、下社）についても触れておこう。諏訪湖を隔てて南に鎮座する上社はタケミナカタを祀って、本宮と前宮に別れ、北側に鎮座する下社は八坂刀売神を祀って、春宮と秋宮とに分かれている。四宮を総称して諏訪大社という。ともに神殿を欠き、神降臨の場所は、上社が石、下社が樹木である。この四社を訪れて目を瞠るのは、社殿の四隅に太い円木の御柱が高く聳えていることだ。

　四社合わせて十六本の御柱は、寅年と申年の六年ごとに、新しく建て替えることになっており、これが諏訪盆地の三市二町一村がこぞって奉仕する諏訪大社最大の祭り、御柱祭である。それぞれの御柱は、長さ百メートルもある二本の曳綱でコロなど一切使わず、山から里へ、里から神社の境内へと曳かれるが、途中の崖では木落しを、川を渡るときは川渡しをする。私が見物したのは川渡しだが、このとき造花で飾りたてた山車《だし》が、左右に大きく揺れるさまを見て、まるで巨船が海を渡っているようなのに、全身を揺さぶられる感動を覚えたのだった。

　付記すると、私は以前、有名な花祭を見物するため奥三河の集落を訪ねる途次に、遠州森の天宮《あめのみや》神社に立ち寄ったことがあったが、折から社殿の脇で日干ししていた能の安摩《あま》面と対面して、感慨深かったことも思い出す。天宮の「天」も安摩面の「安摩」も、「海《あま》」に通じる。インド伝来の腫面《はれめん》が、海人族の末裔の手で、はるばるこの地まで運ばれたのである。

その花祭の発生も、海人族と無縁ではない。奥三河の地は伊勢と諏訪の中間にあり、北陸とも近かったことから、伊勢や熊野の修験者、白山信仰の御師《おし》が、しきりに往来した。祭で演じられる詞章や儀礼には、その影響が顕著で、元はといえば、海人族の保持した芸能に発するものが、多数混じっている。

時代は下るが、南朝の後醍醐天皇の皇子である宗長親王は、敵軍に追われて遠州井伊、駿河興津、甲斐、越後寺泊等を転々としたのち、天龍川沿いの人里離れた奥地、伊那谷の大河原（現長野県大鹿村）を本拠とするが、そうした場所を頼ったのは、南朝方に味方した海人族の一党が住まっていた縁故によるものではなかったかと、想像がふくらむ。左に掲げるのは、傷心の宗長親王が詠んだ『李花集』の三首。

今は又とひくる人もなごの浦にしほたれて住む蜑《あま》としらなむ
かりの宿かこふばかりの呉竹をありし園とや鶯のなく
暫しだに吹かぬまもがな風の上に立つちりの身のありか定めむ

## 黒潮の道

柳田國男が伊良子岬に流れ寄る椰子の実を見て、その感動を島崎藤村に語ったことは前述した。晩年の『海上の道』は、その感動を持ち続けた柳田が、自分が創始した日本民俗学の仕上げとして著した遺作である。対して折口信夫は、志摩の大王崎で黒潮を眺め、「根の国・妣の国」やマレビトの想念に思い至って、折口学と言われる独自の学問を確立した。十代の折口が詠んだ処女歌集の題は、『海やまのあいだ』であった。

そして、私が文芸誌の編集者時代、編集担当として、各地に同行取材する機会を得た谷川健一氏は、先の大戦中、熊野灘に面した大島樫野崎の魚見櫓の上から沖合いを醤油のような濃い紫色の流れが西から東へと悠々と動いているのを見て、一国の権力の交替や動乱といったこととは別の、もっと根源的な動きがあることを電撃的に悟って、民俗学を志した。三者の志が、揃いもそろって黒潮がきっかけなのは、偶然とは思えない。

悠久の昔から、遠く赤道に近い熱帯の海からインドネシアやフィリピンの島々の近くを通り、台湾から日本列島沿いに八重山・宮古諸島、沖縄、奄美、南九州、四国、紀伊半島、伊豆半島、房総半島沖を流れる黒潮に沿って、太古の海人族が運んだと考えられる独特の文化が発達した。

黒潮の本流が日本列島に大接近したのは、二万年前。その分流が日本海に流れ込んだのは、約一万年前と言われている。いわゆる対馬暖流である。以来、日本海の漁場は一挙に豊かになり、温暖な気候、めぐり来る四季と、列島に暮らす人々に、風土や生活や文化の上で、良好な影響をおよぼした。

女性の頭上運搬

太平洋側で言えば、まず目につくのは、住居形式と高倉である。伊豆諸島と奄美大島以南の住居は、いずれも回り縁形式で、土間空間がない。ねずみ返しをともなった高倉も共通している。習俗では、女性の頭上運搬が一般的で、物を運ぶのに、頭頂部に乗せたり、額掛けにする。

社会組織の面に目を向けると、世代原理に特徴がある。一つは、家と家、人と人とのつながりが、双方的なことで、家筋や本家・分家による系譜関係を断ち切るか、より微弱化する傾向が見られる。二つは、母屋世帯を担う親夫婦と、母屋を継承する予定にある（おもに息子）世帯とが、同一家屋内に同居しない、いわゆる「隠居制家族」だ。

こうした別棟・別竈・別財の制度を徹底すれば、親夫婦が家継承者以外の他の未婚子女をともなって、「隠居分家」の形態をとることにもなる。かかる変転を繰り返すと、当然のことながら、超世代的な一系家筋の確立は困難で、集落または共同体内で、拡散的な家々の平等性が支配的となってくる。「末子継承家族」も、この隠居制家族の発展である。

「好色一代男」、女護ヶ島へ出帆

伊豆諸島でのより古層の文化は、八丈島と青ヶ島に残った。それは御蔵島と八丈島のあいだは黒瀬川と呼ばれる幅五十キロメートル近い黒潮が急流をなし、相互の交流がきわめて困難だった結果である。南島や環太平洋地域と共通する習俗に、改葬と洗骨がある。八丈島では、十三回忌または十七回忌などのおりに、改葬前の埋め墓にあった骨をきれいに洗って、先祖墓の石塔の穴の中に移す。これは、原始からの死霊アニミズムに由来していよう。

想像力の産物とはいえ、東方海上を縦横無尽に動き回った源為朝の英雄譚は、鎖国下の江戸庶民の夢と願望を満たすものだった。為朝は『保元物語』では伊豆大島で討死（自害）したことになっているが、滝沢馬琴の『椿説弓張月』は、大島を逃れ、三宅島、八丈島、八丈小島、青ヶ島に渡ったとする在地の伝説をさらに発展させて、崇徳院の霊を慰めるため讃岐白峯御陵に詣でたあと、塩飽《しわく》、七嶋、直嶋など、瀬戸内海の島々を経て、肥後国の宇土浜に到る。そしてここからは、一気に海路を南下して、琉球国に赴き、一子舜天《すて》丸は琉球王朝初代の王になるというのだから、なんともスケールが大きい。

江戸庶民の夢といえば、井原西鶴の『好色一代男』もそうだ。主人公の世之介は全国の遊里でありとあらゆる種類の女と遊び尽くすと、六十歳を機に女護ヶ島へ向けて出帆する。誘い合わせた仲間は七人（七福神からの連想か）、新造の船を好色丸と名づけ、強精剤、催淫剤、避妊剤、堕胎剤、性器具、枕絵、『伊勢物語』（好色本とみなされていた）、その他責め道具や産着まで、必要なものすべてを満載し、見請けしたことのある太夫吉野の緋縮緬の脚布を吹貫《ふきぬ》きにして、目指す女護ヶ島で女どもを掴みどりしようというのであった。

## 瀬戸内海賊と熊野水軍

時代は前後するが、紀貫之が土佐守の任期を終えて京に帰着するまでの船中の日々を綴った『土佐日記』（九三四）に、海賊が登場する。室戸岬を廻って、阿波の沿岸沿いに紀淡海峡までやって来たときのことである。

（承平五年正月）卅日。雨風ふかず。海賊は夜歩きせざなりと聞きて、夜中ばかりに船を出だして、阿波の水門《みと》をわたる。夜中なれば、西ひむがしも見えず。男女、からくも神仏を祈りて、この水門をわたりぬ。

直接出くわしたわけではないけれど、船中の男女がびくびくしているさまが、よく分かる。

じっさいこの当時、南海諸国ではしきりに海賊が横行していた。面白いのは、この翌年に、前伊予掾《じょう》だった藤原純友が、海賊を追捕すべしという宣旨を受けて再び伊予国に下っていることで、しかも天慶二年（九三九）には、その海賊たちを糾合して自ら反乱軍に身を投じている。海賊というと、乗船者に乱暴を働き、船の積み荷を奪う略奪者のイメージが強いが、時と場合によっては国家権力にさえ手向かう実力を備えるに至っていたのである。

純友軍が拠点としたのは、豊後水道にのぞむ日振島だった。四国西岸の宇和海沖合にある辺境の孤島である。どうしてそのような場所を選んだかといえば、安曇系、宗像系の海人のほかに、九州東岸の隼人系の海人も参加していたからだろう。

源平の合戦を語る『平家物語』は、瀬戸内海が主舞台だが、それは事実上、政権を握った当初から海を重視する平清盛によって組織された海上勢力と、源氏方に味方した伊予の海上勢力河野氏との、芸予諸島海域における制海権をめぐる争いにほかならなかった。

鎌倉期、西国の交通路は、北条氏の進出で諸権益を奪われ、一時活動を抑制される。けれども、天皇家、摂関家、高位の貴族、興福寺、延暦寺などの大寺院、伊勢、上下賀茂、熊野、石清水八幡、日吉、春日、祇園などの大社は、勢力を回復して、海上交通の要地である津、泊、浜などの支配と併行して、河海の交通を担う有力者を直接に組織すべく、天皇、神仏の直属民としての特権を与えた。供御人、神人、寄人と呼ばれる人々がそれで、彼らはみな船を何艘か持ち、水夫《かこ》となるべき海民的な人人を下人として従えた。

この時、紀伊半島の側で太平洋の交通に大きな役割を果たしたのが、伊勢神宮と熊野の三山で、前者が伊勢海、太平洋をもっぱら東に進んだのに対して、後者は当初、主として土佐から日向へ、もしくは瀬戸内海へと、西方を目指した。

こうしたなかから、熊野衆徒・神人による海賊的な動きが、ふたたび活発化してくる。南北朝期、挙兵した後醍醐は、瀬戸内海の水軍や熊野水軍に積極的に働きかけた。懐良親王を吉野から伊予の忽那島《くつなじま》へ、さらに九州へと送ったのは、瀬戸内海の水軍と熊野水軍だった。

俊寛が流された鬼界ヶ島（硫黄島）をはじめとする薩南諸島や吐噶喇《とから》列島の島々、沖縄には、点々と熊野社が祀られている。これらは、熊野水軍の船に乗って海上を南下した熊野の御師たちが勧請した。

室町時代に入ると、瀬戸内海では熊野水軍の前例を受け継ぎ、河野水軍や村上水軍が活躍した。「海城」は、そのためになくてはならない施設だった。彼らには、一定海域を支配して域内の安全を確保し、行き来する船から通行料（警固料）を徴収する「海の領主」としての顔があった。もしも警固料を出さずに通過する船があれば、すぐにその船を拿捕し、警固料を置いていくならば、水軍は責任をもって航行の安全を保障したのである。

それは海の関所としての機能にも重なっており、網野善彦氏によれば、この海域には、諸国の諸廻船人等から「那智山海上々分」を徴収する関が、紀伊半島の南端の津・泊に設けられた可能性があるとのこと。関料の徴収にあたる人が、神仏に直属する神人・寄人、あるいは勧進上人であったのは、そうでなければならない理由があった。

かかる施設は、のちの捕鯨に即して「山見番所」などと呼ばれた。浦々の城同士の連絡、各所の船隠しに停泊する兵船にたいする指揮は、さまざまな色や数の旗・幟《のぼり》や狼煙《のろし》、法螺《ほら》貝《がい》などによっておこなわれ、城の前面の海に敵船が現れたら、後年の捕鯨のごとく、さまざまな方向からこれを取り囲んで、攻撃したのであろう。

戦国期、記録に出てくるだけでも全国に二十近くあった海上勢力の中でも最大最強を誇った村上氏は、芸予諸島周辺を根拠地に、小早船、関船、安宅《あたけ》船など、数多くの軍船を動員した。なかでも、能島村上氏の首領村上武吉は、戦国大名毛利氏に協力して勢力を拡大し、毛利氏が織田信長と対峙した木津川口の戦い（一五七六）では、織田方の海賊衆を殲滅したことで有名だ。

## 松浦《まつら》党《とう》と倭寇《わこう》

松浦《まつら》党《とう》の名は、屋島での戦いでは源氏方として、壇の浦の戦いでは平家方として、『平家物語』に登場する。九州西北部に位置する松浦地方を本拠とする中小武士団の総称である。始祖は延久元年（一〇六九）に摂津国渡辺庄（現大阪市浪速区）から肥前国宇野御厨《みくりや》に下向した源久とされる。嵯峨天皇の流れをくむ嵯峨源氏を祖とするところから、代々一字名を名乗っている（鬼退治伝説の渡辺綱や、奥州の安倍宗任を祖とする説もあるが、信ずるに足りない）。

松浦党について見ていくのに、「党」という独特の武士団のあり方と、南北朝時代の一揆契諾が見逃せない。応安六年（一三七三）五月六日、宇久氏、有河氏、青方氏など三十二名が署名した契約の内容は、概略左の五条である。

一、「君の御大事」、すなわち足利将軍家に大事があった時には、一味同心して軍忠を尽くすこと。
一、構成員の間で争いが生じた時には、「談合」によって、多数の意見に従い、もし構成員の一人に大事が生じた時には、全員の大事とみなすこと。
一、構成員の間で裁判が起こったときには、「兄弟叔甥縁者他人」に関係なく、どちらが正しいか意見を述べ、身内に対するえこひいきや自分勝手な行為があってはならないこと。
一、多数決に従わない場合は、構成員から追放すること。
一、「郎従」以下の者に対して「珍事狼藉」が起こった時には、多数決に従わずに一人で勝手に行動してはならないこと。
もしこの条に偽りがあるならば、八幡大菩薩・天満大自在天神の御罰を蒙るであろう。よって連署し、誓文を定める。(「青方文書」)


この松浦党は、じつは「倭寇」とも関係がある。倭寇とは、十四世紀から十六世紀にかけて朝鮮半島や中国大陸沿岸を襲った日本の武装勢力。このうち、十六世紀中葉の後期倭寇の実態は、倭寇とは言いながらむしろ中国人が中心で、それにポルトガル人などが加わった集団であったことが明らかにされている(鉄砲伝来にかかわったとされる王直は、中国安徽《あんき》省歙《しょう》県の生まれ。広東で大船を造り、ルソン、アンナン、マラッカ方面に出かけて密貿易に従事、巨万の富を得た)。

問題は前期倭寇で、主たる被害地であった朝鮮側の史料には、対島・壱岐・松浦の「三島」が倭寇の根拠地であったと記されているというから、そのかかわりを否定できない。

ただし、村井章介氏は、異なる国家・民族のはざまにあって媒介者の役割を演じた人間集団をマージナルマン(境界人)と捉える視点から倭寇を見直して、倭寇は日本人か朝鮮人かといったたぐいの問いはほとんど無意味であるとした(「倭寇とは誰か」)。かかる見解は、「魏志倭人伝」に書かれた「倭人」とも通底しよう。

なお、沖浦和光氏は「三島」は三島《さんとう》村上水軍と誤認された可能性があると指摘し、「そのころの倭寇の群れに投じたのは、海の武士を統領にいただく組織された水軍ではなくて、そこからはみ出していた一匹狼的な海民の一味だったのではないか。瀬戸内の漂海民の中から、生命知らずの倭寇の集団に参加する者がいたとしても不思議ではない」とも述べている（『瀬戸内の民俗誌』）。今後、吟味すべき課題である。

# 第2章　海人族の末裔

## 没落する海部と山部

見てきたように、海民の多くは海から陸へ上がると、新たな生計の手段を求めて、新天地に散っていった。もともと進取の気性に富んでいたから、移動することは苦にならなかったのである。けれども、その一方で、活躍の舞台を奪われて、衰亡を余儀なくされていく一族もいた。

大化前代の王権にとって、山海の政《まつりごと》とともに食国《おすくに》の政が重要だったことに注意を促したのは、古代史家の吉村武彦氏だが、そうであればこそなおさらこの時期に、早くもその凋落が萌していたことに皮肉な思いを禁じ得ない。

律令時代になると、かかる管理体制はいっそう強化された。天皇の統治下で、官人は官職に就いて天皇に仕え、百姓は賦役と田租を負担した。これは、専制国家における隷従と似ていて、同じではない。強制ではなく、形式としては自発的に「つかえまつる」のである。

すなわち、山や海は収奪の対象となって、積極的に開発された。山林の管理に従事するものとして、新たに山守部が設けられ、山部は一部、山御陵の管理者に格下げされる。海山の幸の豊穣が朝廷に独占されるのと併行して、海部の一部も、山部と同様に急速に賤民化への道をたどる。

オケ・ヲケ二皇子に山代で対面した老人は猪養氏だった。顔面に入れ墨をしていたのは、それがトレードマークだったからだろう。黥面、もしくは黥面の一種である黥目については、過去に次の所伝があった。

一　神武天皇の側近に従う大久米命が「黥《さ》ける利目《とめ》」だった。（神武記）
二　阿曇連浜子が住吉仲皇子の叛乱に加わったために、乱平定後、黥せられた。時の人はそれを「阿曇目」と言った。（履中紀）
三　履中天皇が淡路島で狩りをしたとき、駕に従う河内飼部の黥がまだ癒えていなかったため、イザナギ神の託宣が下り、以後飼部を黥することをやめた。（同右）
四　鳥官の禽が菟田人の狗のために殺されたので、雄略天皇は瞋《いか》って黥面にし、菟田人を鳥飼部とした。（雄略紀）

朝凪ぎに楫の音聞ゆみけつ国野島の海人の船にしあるらし
和歌の浦に潮満ち来れば潟をなみ葦辺を指して鶴《たづ》鳴き渡る
田子の浦ゆ打ち出でて見れば真白にぞ冨士の高嶺に雪は降りける
葛飾の真間の入り江にうちなびく玉藻刈りけむ手児奈《てこな》し思ほゆ

こちらは、海辺で詠まれた著名な万葉秀歌だが、作者の歌人・山部宿禰赤人は、宿禰の称号こそ帯びてはいるが、事実は聖武天皇の行幸に従い、国司の赴任に従って、地方を渡り歩く微賤な官人に過ぎなかった。

文武から桓武天皇に到る九十五年間を記録した『続日本紀』を見ても、遣唐使のメンバーに判官海上三狩の名前があるくらい。記紀と違い、海人族のことは、まったくと言っていいほど、何も書かれていない。

弘仁式（八二〇年選進）は、宮城十二門の護衛を県犬養、山部、壬生、大伴、達部、若犬養、伊部、丹治比、玉手、体伯、海犬養、猪養の十二氏（山部、伊福部、猪養三氏は、天皇の食膳にも奉仕）に任じたが、これはかつての久米氏がそうであったように、いわば天皇の親衛部隊だから、それだけ忠節の度合い、隷属の度合いは高かった。

ここで、話は突然飛ぶが、『伊勢物語』がなぜ「伊勢」なのかを、考えてみたい。諸説あるなかで有力なのが、伊勢斎王の恬子《やすこ》内親王（文徳天皇の娘。母静子にとって業平は姪の夫にあたる）と在原業平の密通事件に関連づけるものだ。狩の使いに来た業平と通じたことが、六十九段でこう語られている。

二日といふ夜、男、「われて（ぜひとも）逢はむ」といふ。女もはた（また）、いと逢はじとも思へらず。されど、人目しげければえ逢はず。使実《つかいざね》（正使）とある人なれば、遠くも宿さず。女の閨《ねや》近くありければ、女、人をしづめて、子《ね》一つ（午前零時頃）ばかりに、男のもとに来たりけり。男はた、寝らざりければ、外《と》のかたを見出して臥せるに、月のおぼろなるに、小さき童を先に立てて人たてり。男、いとうれしくて、我が寝《ぬ》る所に率《ゐ》ていりて、子一つより丑三つ（午前三時頃）まであるに、まだ何ごとも語らはぬに、かへりにけり。男、いとかなしくて、寝ずなりにけり。つとめて、いぶかしけれど、わが人をやるべきにしあらねば、いと心もとなくて待ちをれば、明けはなれてしばしあるに、女のもとより、言葉はなくて、

君や来し我や行きけむおもほへず夢かうつつか寝てかさめてか

天皇の未婚の娘で、皇祖神アマテラスに仕える神聖な斎王が、禁を犯して男と契ったというのだから、これが公になれば、むろん只ではすまない。業平が東下りする直接のきっかけがこれで、以後、「伊勢・尾張のあはひの海づら」を行くわけだから、命を懸けた主人公の色好みを語るにふさわしい一場で、題名の由来もここにあると言われれば、しいて反対する理由もない。

加えて、私が立ち止まらせられたのは、直接伊勢と関連づける左のような説もあると知ったからだ。

一、「伊勢人はひがごとす」という諺によって、「ひがごとの物語」とする説。

二、風俗歌に「伊勢人はあやしきものをや」とあるから、「あやしき物語」とする説。

三、伊勢の海人族の伝承を骨子としているからという説。

三の伊勢の海人族の伝承が、物語の中で具体的にどれを指すかは不明だが、近年国文学者のあいだで有力な作者の一人としてその名が浮上してきた紀貫之は、没落した海人族の雄、紀氏の出身である。本書の読者の賛同が得られるとは思わないが、私もまた、『竹取物語』で藤原不比等以下、文武天皇に仕える五人の貴族高官を虚仮《こけ》にしてみせたのと同じで、伊勢神宮のお膝元の海人が、この時代かくも蔑視されていたのに憤慨した貫之が、仕返しをしてみせたのではなかったかと怪しむのである。

## クグツと細男舞《せいのおまい》

同じ海人族でも、大多数の漁民は、天皇家に妃を差し出して大和朝廷と親密な関係を結んだ豪族とは違って、ずっと以前から海辺でその日暮らしを営む零細な小集団に過ぎず、後世になるほど卑賤視された。なかでも、クグツと呼ばれた民は定住する場所さえ与えられずに、諸国を流浪した。左は、大江匡房『傀儡子記』の有名な一節である。

傀儡子は、定まれる居《をりどころ》なく、当《まも》る家なし。穹盧氈帳《きうろせんちやう》、水草を逐《を》ひてもて移徙《いし》す。頗《すこぶ》る北狄《ほくてき》の俗《ならひ》に類《に》たり。男は皆弓馬を使《わきま》へ、狩猟をもて事と為《な》す。或は双剣を跳《をど》らせて七九を弄《もてあそ》び、或は木人《ぼくじん》を舞はせて桃梗《たうかう》を闘はす。（中略）女は愁眉《しうび》・啼粧《ていしやう》・折腰歩《せつえうぼ》・齲歯咲《くしせう》を為し、朱を施し粉《しろきもの》を傅《つ》け、倡歌淫楽して、もて妖媚を求む。（中略）一畝の田も耕さず、一枝の桑も採《つ》まず。故《かるがゆえ》に県官に属《つ》かず、皆土民に非ずして、自ら浪人に限《ひと》し。上は王公を知らず、傍《かたがた》牧宰を怕《おそ》れず。課役なきをもて、一生の楽《たのしび》と為せり。夜は百神を祭りて、鼓舞喧嘩して、もて福《さいはひ》の助を祈れり。

芸能の民としての一族の活動は、上は宮中の御神楽の一つの根幹となり、下はこうしてクグツや遊女の芸ともなったのである。

本来、自分の土地を持たず、漂泊の暮らしに明け暮れる人々は、後年、道々の者、または道々の輩《やから》と呼ばれた。鎌倉期の『東北院歌合』を見ると、医師、鍛冶、刀磨、巫女、陰陽師、番匠、鋳物師、博打、賈人《こじん》に混じって、海人の名があり、南北朝にかけては、手工業者は職人として区別され、白拍子、田楽師、猿楽師、呪師、万歳師、絵解《えとき》、猿牽《さるひき》、竹売、勧進聖《かんじんひじり》などが、卑賤視されるに至った。また、山人や海人と称される人々の集団に、木地師、マタギ、サンカ、シャア、家船《えぶね》などがいて、後年鬼の子孫とか、山の民・川の民と称された人々も、その子孫であった。

これら海人族の末裔が、全国の津々浦々、内陸の奥深くまで分け入り、移動分散し、日本の文化、ことに芸能や思想に及ぼした影響ははかりしれない。思想というと堅苦しいが、私が念頭に置いているのは、たとえば日蓮（安房の漁民）や一遍（瀬戸内水軍の河野水軍の出）といった宗教者たちのことだ。彼らが、いずれも海人族の末裔であることはよく知られている。

古代はもとより、平安時代に入ってからも、仏教は一部の貴族が独占し、国家鎮護が主な目的だった。けれども、鎌倉時代ともなると、地方の武家や民衆が台頭して、鈴木大拙の言う日本的霊性、つまり禅や弥陀の他力を説く思想が民間に浸透する。けれども、これらについては既に多くが書かれているので、ここからは、主に芸能について、まずは細男舞《せいのおまい》とその原型で安曇族の祖神である安曇磯良《あずみのいそら》について述べてみたい。

安曇磯良は、中世期盛んに作られた、いわゆる本地物《ほんじもの》の八幡宮縁起に、初めて登場する。

> 是より西に鹿の嶋と申て安曇の磯良と云者あり、海中に久しくすみて海の案内者にて侍れは、此ものをめして竜宮城につかはして旱珠満珠といふ二の珠を竜王にからせ給へ、此二の玉たにもさふらはは、新羅百済等せめしたかへ給はんこと、いとやすき事なり。……磯良と申は筑前国鹿の嶋の明神の御事也。常陸国にては鹿島大明神、大和国にては春日大明神、是みな一躰分身、同躰異名にてまします。

しかし、この磯良、容易に浮き上がろうとしない。

「海中に久しくすみたる故に、かき・ひしなどいふ物顔にひしと取付て、あまりにみくるしかりければ……」。諸縁起は一様に、その面貌の醜さを恥じてのことだと説く。なかなか応じようとしない磯良だったが、さまざまな楽を奏して誘い出そうとする住吉大神の策にはかなわなかった。その音色に誘われて浮かび上がった磯良は、顔を白い布で覆い、首に鼓を懸けて自らも一さし舞った。

この磯良の舞が、すなわち細男舞で、有名な春日大社若宮おん祭に出る細男舞がこれである。その醜さゆえに結婚を拒まれたイワナガヒメの神話以来、岩は醜いものとされてきたが、ここでも磯良が醜いのは、八幡信仰圏における芸能民の位置を、残酷なまでに示している。磯良の舞った細男舞は、偉大な神に捧げる服従と礼讃の舞である。細男は才男と表記し、のちの万歳芸の才蔵にまで繋がっていく。その舞は、自らの痴《おこ》を衆人の目にさらして笑いをとる悲しい芸なのだ。

こうした細男舞をクグツで演じる珍しい芸能を今に伝えるのが、館川を挟んだ両岸に位置する福岡県の古表《こひょう》八幡神社と大分県の古要《こよう》神社である。その昔、計百体のクグツは、船に乗せられ、宇佐八幡宮放生会の祭場である和間浜で船中から舞を演じた。細男舞を舞うのがお舞人形で、神相撲を取るのが相撲人形。前者は両手のみが上下し、首から下が一本の棒になっていて、イタコが舞わせるおしら神に似ている。その起源は、八幡神軍の隼人征伐にこれらの人形を舞わせて敵の心を油断させ、すみ

古要神社の細男舞＝クグツ

宇佐八幡宮の神相撲（宇佐風土記の丘歴史博物館蔵）

やかに降伏せしめた功によるとのことで、宇佐八幡宮に近く百体殿なる小社が祀られている。

鈴鹿千代乃氏は、「安曇の磯良の原像」という論文で、この百体殿は、古記録に百太夫殿とあったという。とすれば、これこそがクグツの祀ったあの百太夫そのもので、摂津西宮の境内社として百太夫が祀られていることとも符合する。

私は以前、谷川健一氏とともにこのあたりを見て廻ったことがあった。百体殿のすぐそばに、隼人の凶首塚や化粧井戸跡があって、この三つは宇佐八幡へ通じる勅使道に沿っていて、放生会のおこなわれる和間浜とも交叉する地点に立地していた。

いずれも、大和朝廷側による隼人征伐に関連した史跡と説明されるのが一般的だが、氏は化粧井戸は隼人の首を洗ったところではなく、放生会に用いるクグツを洗い清めた場所で、百体殿も鎮座するところから、クグツ舞や人形芝居で有名な近くの北原散所（古要神社の所在地）の人々ら、宇佐の下級神人が集結する拠点だったのではないかと教えてくれた。そういえば、鎌倉はじめ各地の境界によくある地名の化粧坂は、そこに遊女が屯していたのだった。

化粧井戸跡

## 鵜飼・阿漕《あこぎ》・善知鳥《うとう》

クグツや道々の輩もそうだが、海人の末裔には、被差別者の身分となった者が多く出た。

天武四年（六七五）四月、仏教の「不殺生戒」に基づいて、わが国初の肉食禁止令が出されるが、その翌年にはケガレの除去を目的とする大祓がおこなわれ、以後事あるたびに〈殺生禁断〉と〈放生〉が朝廷から令せられた。このうち漁民と特にかかわるのは、奈良東大寺の大仏開眼の年（七五二）に出された左の禁令である。

　正月三日より始めて十二月晦日《つごもり》に迄《いた》るまで、天下に殺生を禁断す。但し、海に縁《よ》れる百姓《はくせい》、漁《すなどり》を業《なりわい》とし、生存《いきながら》ふること得ぬ者には、その人数に随《よ》りて、日別《ひごと》に籾《もみ》二升を給ふ。

十二年後の詔には、こうある。

　勅《みことのり》して曰《のたま》はく、天下の諸国《くにぐに》、鷹・狗《いぬ》と鵜とを養ひて畋獵《でんりょう》すること得ざれ。また、諸国、御贄《みにえ》に雑《ぞう》の宍《しし》・魚《うお》等の類を進《たてまつ》ることを悉《ことごと》く停《とど》めよ。また中男《ちゅうなん》作物の宍・魚・蒜《ひる》等の類は悉く停めて、他の物を以《もち》て替へ宛てよ。

　こうして肉類から魚類にまで及んできた〈殺生禁断令〉が世の中に広まると、漁民・狩猟民への蔑視はますます強まった。室町期、「不殺生戒」を犯す者として地獄へ堕ちねばならなかった、この列島の漁民や猟師の悲しみを語り演じた能の名曲があって、「鵜飼」「阿漕《あこぎ》」「善知鳥《うとう》」は「三卑賤」と呼ばれている。

「鵜飼」では、安房国清澄の僧（モデルは日蓮）が甲斐国石和を通り、川端の堂に泊っていると、以前このあたりで迷ったとき親切にされた老人が現れる。笛吹川の鵜飼で、殺生は仏の説く十悪の一つだからやめるようにと言ったことを、僧は思い出す。老人はそのときの亡霊であると名乗り、上下三里が殺生禁断の川瀬だったが、密漁したのが見つかって、簀巻きにされて川に放り込まれて死んだと、その模様を無念の表情で語る。日蓮をモデルとしたのは、彼が外房片海の漁師の出身で、自らを「施《せん》陀羅《だら》が子なり」と公言していたのを受けたのであろう。

「阿漕」の舞台の阿漕ヶ浦は、伊勢湾に面していて、古来伊勢神宮に神饌を奉るための贄場として有名で、厳しい禁漁区として知られていた。この曲でも、「憂き世を渡るあたりの海士人《あまびと》、この所に漁《すなど》りを望むといへども、神前の恐れあるにより、堅く戒めてこれを許さぬところ」なのに、「夜々忍びて網を引」いたばかりに捕縛されて、この浦の沖に沈められた猟師が登場する。

それは、山で鳥獣を追う猟師も同様で、世阿弥作の「善知鳥」は、その苦しさ、悲しさを左のように訴える。

［サシ］とても渡世を営まば、士農工商の家にも生れず、または琴棋書画を嗜《たしな》む身ともならず、ただ明けても暮れても殺生を営み、遅々たる春の日も所作足らねば時を失ひ、秋の夜長し夜長けれども、漁火《いさりび》白うして眠る事なし、九夏《きうか》の天も暑を忘れ、玄冬の朝《あした》も寒からず。

［クセ］鹿を逐ふ猟師は、山を見ずといふことあり。身の苦しさも悲しさも、忘れ草の追ひ鳥、高縄をさし引く汐の、末の松山風荒れて、袖に波こす沖の石、または干潟とて、海越しなりし里までも、千賀の塩竈《しほがま》身を焦がす、報ひをも忘れける、事業《ことわざ》をなしし悔しさよ。

舞台は東の辺土、奥州外ヶ浜。ウトウとよばれるその北国の鳥は、餌を運ぶ親鳥が空からウトウと呼ぶと、子鳥が巣の中でヤスカタと応える。この親鳥子鳥が呼び交す声の秘密を知った猟師が、親鳥の声を真似て小鳥を無数に殺してきたため、死後、地獄に堕ちたのである。殺生を身のたつきにするよりほかなく、生まれついて他の選択は許されない被差別民の血を吐くような苦しみ。舞事のカケリでは、ウトウを追うさまや捕えるさまを、杖を振って繰り返し見せる。

［中ノリ地］娑婆にては、うとうやすかたと見えしも（足拍子を踏む）、うとうやすかたと見えしも、冥土にては化鳥《けてう》となり（正面へ少し出る）、罪人を追っ立て鉄《くろがね》の（扇で罪人を打つ）、嘴《はし》を鳴らし羽をたたき（羽ばたく）、銅《あかがね》の爪を研《と》ぎたてては（左手を前に出して見つめる）、眼《まなこ》を摑《つか》んで肉《しし》むらを（左手で眼をえぐる）、叫ばんとすれども猛火の煙に（角へ行く）、むせんで声を上げ得ぬは（扇で面を隠し左へまわる）、鴛鴦《をしどり》を殺しし科《とが》やらん。遁げんとすれど立ち得ぬは（笛座前から角へ行きかかる）、羽抜け鳥の報いか（中央へ下がって着座する）。

## 家船《えぶね》とシャア

つい最近まで、「家船《えぶね》」と呼ばれる漂海民が、瀬戸内海や九州西方、あるいは沖縄にいたのに、私たちはもうそのことを忘れている。谷川健一氏の小説『海の群星』は、南国の海で素もぐりをするサバニ舟の少年が主人公だったが、宮本輝氏の小説『泥の河』も、海と川の違い、生活の違いはあっても、久しぶりにそのことを思い出させてくれた。文字通り船を家として、家財道具一式を船に積み込んで、そこをネグラに行く先々の海で漁をおこなった、零細な海の民である。

江戸時代の儒者で筑前出身の貝原益軒は、『日本釈名』の蜑《あま》の項で「常に船を家として、陸《くが》にすまぬもあり、俗に家ふねという。年老いては船の中を子にゆずりて、隠居して舳のかたにすむ」と、簡潔な筆でその特徴をよくとらえている。文献上の初見は、イエズス会の宣教師クエリヨが天正十四年（一五八六）三月、大坂城の落成祝賀を兼ねて豊臣秀吉と謁見するため東上する途上の海でのことだった。

筑前の海岸に沿って博多をすぎて諸島の間に出た時、これまで見たこともないものに出あった。われわれの乗っていた船の付近に六〜七艘の小さな漁舟があったが、この舟は漁師の家となり、妻子・犬猫・食物・衣服・履物そのほか家財一切をのせ、各々の舟には唯一人が船尾にすわって舟を漕いでいた。（『耶蘇会士日本通信』）

羽原又吉著『漂海民』は、この家船について、以下のように詳説している。

家船の漁業者が中世、近世、近代に一体どのくらいいたか明らかでないが、漁業者全体のなかではいたって数が少ない。かつて家船が認められたのは、瀬戸内海、九州東海岸、同西海岸、五島列島など。アマの分布に比して著しく西日本的で、日本海側では能登半島東岸まで。普通には、瀬戸内海の能地、肥前瀬戸、それに鐘ヶ崎の三系統がある。

肥前瀬戸系統の家船は、鐘ヶ崎系統のように、魚突きが神技といわれるくらい優れ、海底に潜ってアワビを取ることも上手かった。同時に網を引いて魚を取ることも次第に覚えていった。ところが、瀬戸内海のようにアワビの少ないところでは、もぐりや魚突きが見られず、網を引いて魚を取るか、魚を釣り上げるかだった。

家船の往来した海は、波静かな海だけではなかった。玄界灘や能登沖はかなりの荒海であり、瀬戸内海も航海の難所である。海の労働を表す言葉に「板子一枚下は地獄」というのがある。家船の人たちは、海に生まれ、海に死ぬまで一生この言葉に向き合っていたのである。

家船

それほどに海上生活に徹していた家船も、陸とまったく無縁で生活していくことは不可能だった。まず飲料水を補給する必要があった。薪とりも大切な仕事であった。陸上でおこなう仕事のうちもっとも重要なのは、獲った魚を農家へもっていき、穀物と物々交換してくることで、これは女の仕事だった。魚の運搬にはハンボウという木製の桶を用い、魚を入れ、頭上に載せて運んだ。

こうした結びつきを通じ、家船が何回かの出漁を繰り返しているうち、網を格納する納屋を設けたり、農家の一部を借りるなどの関係が生じてくる。やがて、船住居をやめて出先に小屋掛けし、寄留する者も出てくる。ついには移住がおこなわれる。これが、親村（能地・二窓）に対する枝村の成立である。

ところが、枝村において、土地の人々とは、物々交換による経済関係が保たれただけで、親密な交わりはまったくなかった。「宗門の儀は、門男《もうど》百姓と同様に仕り、御百姓との縁組は毛頭つかまつり申す」などという一節が文書に明記されていて、厳重な差別が存在した。門男は間人とも表記され、近世では検地帳にも載らない水呑以下の低い身分的位置に属していた。明治元年、塩飽《しわく》本島で起きた漁民暴動は、その差別待遇の撤廃を要求する人権獲得の運動だった。

大分県臼杵市津留に集落を営む人々も、能地からやってきた家船から陸上がりした人々だった。大正七年六月四日、若き高群逸枝は熊本を発って四国遍路の旅に出たが、十九日、大分県大野郡大野村中井田での様子をこう書いている。

朝飯を食べていると、前の道路を頭に桶みたいな物を載せた珍しい一行が通っていった。皆若い女だ。愉快そうに笑いさざめきながら手をちょっと桶に添えてドシンドシン歩いて行くところは、なかなか立派な体格であった。何だろう？　お爺さんに聞くとあれはサアですという。サア？　面白い名だ。何所の者ですと聞くと臼杵の者ですという。何を売りにと聞くと魚を売りにという。かつ曰く「あれはね、平家の落人の子孫ですよ。サア早く逃げなきゃア大変だというので炊きたての御飯はお握りをこさえる暇もなくそのまま袋にぶちこんで落ちたんじゃと。だから御覧、腰の袋――あれには今でもすくい込んだままの御飯が入っているんだ。サアという面白い名はそこから起きたんじゃ」（『娘巡礼記』）

津留から大野町まで田舎道を辿れば四十キロメートル以上あるだろう。「サア」と呼ばれた行商の女たちは、もちろん徒歩でやって来た。愉快そうにさざめきながら。

『臼杵博物誌』によれば、硴江《かきえ》村の蜑人《あま》（津留）は、平家の舎人《とねり》の末裔という。サア（シャア）は舎人《しゃじん》の訛り。慶長十年（一六〇五）、広島の能地から四人がそれぞれの家族を連れて船でやって来て、硴江村の津留に住むようになった。男は魚を獲り、女は遠くまで魚を売りに行く。この村の者は、他村の者とは結婚せず、平家の末裔としての血統を保っている。戸数は約百二十戸。俗にシャア村と呼ばれていた。

## 海民史の深層

柳田、折口が築いた日本民俗学の本領を正統に受け継ぎながら、『青銅の神の足跡』や『鍛冶屋の母』などで、両者が未開拓だった領域にも果敢に踏み込んだ谷川健一氏は、熊本県水俣の出身。『黒潮の民俗学』『海神の贈物』『古代海人の世界』『渚の思想』などの論考のほかに、小説『海の群星』、歌集『海の夫人』『海境』なども著して、海や海人に関する著作が多い。

みんなみの離《ばな》りの島の真白砂にわがまじる日は燃えよ花礁《はなぜ》も

これは、宮古島上野村の、目の前に珊瑚礁の海が広がる砂浜に生前建立された、自作の歌碑に刻まれた歌である。

網野善彦氏も、『無縁・公界・楽』『日本中世の非農業民と天皇』などで、職能民、芸能者、漂泊者などに着目した『海と列島の中世』や『日本社会再考　海民と列島文化』『悪党と海賊』『海の国の中世』などで、海の民をめぐって多くの論考を著し、従来無視され切り落とされてきた人々に、新たな照明を当てた。この網野氏は、「海人」と「海民」の用語を、左のように区別する。

これまでしばしば「海民」という語を用いてきたが、それは海をおもな舞台として生きる人々が、漁撈はもとより、岩塩を産しない日本列島では海水からの製塩を行い、船を操るのに巧みで、海・潟・湖・川を通じて広域的な交流、物資の運搬に従事し、早くから商業活動にたずさわるなど、多様な活動を総合的に展開してきた、という事実に理由がある。

これは、「漁民」の語ではとうてい表現し難い実態であり、もし「海人」を「平地人」「山人」と同じ用法で用いるならば、これも的確な用語となりうるが、「海人」はしばしば「あま」と読まれることによって、限定された潜水を行う海民のみをさすと理解されやすいため、現在の歴史学会ではなお市民権をもったとはいい難い「海民」の用語をあえてここでは使用した。(『日本社会再考　海から見た列島文化』)

ちなみに、本書では「海人」は「山人」の対語として、「海民」は網野氏の定義に準じて用いている。私は氏の著書から紺掻《こんかき》を業とする水引神人が手取川河口の寺井湊に居住し、神主上道氏の一族に統括されていた事実からして、白山社の神人が海上交通と不可欠の関係をもっていたこと、北東日本海の廻船人の活動と時衆とが切り離せなかったことなどを学んだが、氏が東京月島の水産研究所勤務時代に各地で調査した際、借り受けた古文書が未返却だったのをずっと気に病み、後年、返却して廻った(『古文書返却の旅』)ことも、研究者として見習いたいことの一つである。

列島の各地を丹念に歩いた宮本常一氏の著作は、『忘れられた日本人』『家郷の訓』『庶民の発見』『民俗学の旅』とさまざまだが、瀬戸内海の周防大島出身だけあって、『日本の離島』や『海に生きる人々』は、特に力がこもっている。左に引くのは晩年の遺稿「日本列島に住んだ人びと」中の一節だ。

『日本書紀』では、天照大神の孫、ニニギノミコトが高天原から日本へ下って来るのについて、まずタケミカヅチ・フツヌシという二人の神を出雲へやって、そこにいるコトシロヌシにつげると、コトシロヌシはそのとき魚を釣っていたが、海の中に八重《やえ》蒼柴垣《あおふしがき》を造り船枻《ふなのへ》を踏んでその中にかくれた。それは抵抗しないことを示したものであるという。

このコトシロヌシを、後世の人はエビス神としてまつっている。とくにこれをまつっているのは、古くは漁民仲間が多い。そして漁民たちはすでに日本の沿岸に多数住みついており、漁民もまたエビスであった。そして西南日本のエビスも天孫に国をゆずっているのだから、天孫民族とは別で、それ以前からこの国にいたことになるが、この方はその統率者が神にまつられているのである。おそらく早く大和朝廷に服従したからであろうか。（中略）

このように早くから土着していた者を『日本書紀』『風土記』で国樔《くず》、または土蜘蛛《つちぐも》といっている。土蜘蛛とよんだのは竪穴住居に住んでいたためではないかと思うが、狩を多くおこなっていた。そして『豊後風土記』や『肥前風土記』を見ると、いたるところに土蜘蛛がおり、その人びとは農耕にしたがうこと少なく、肥前値賀《ちか》島（五島）にいた海人は容貌が隼人に似、つねに騎射を好んだとあり、値賀の島にはまた土蜘蛛がいたとあるが、これは海人と同じものではなかったかと思う。西の方では土蜘蛛も海人もほとんどかわりはなかったようだが、ただ海人の中には漁撈のみをいとなむ者と、狩もおこない、漁撈もおこなうという者との二つの系統が見られ、狩と漁撈をいとなむ者が、縄文文化の伝統をうけつぐ者ではなかったかと考える。

いいかえると、日本列島は古くはエビスや土蜘蛛たちの世界であり、土蜘蛛もまたみずからをエビスとして意識し、そのまつる神をエビス神とよんだものであろう。もとよりこれはひとつの仮説にすぎないのであるが、縄文の土器は作らなくなっても縄文式の生産・生活様式はなお持続されていたものであろう。

しかし関東以西では新しい大陸文化に大きく支配されるようになり、仁徳天皇の頃、すなわち四世紀の終り頃には、エミシの生活も大きくかわりはじめていたと見てよいのではなかろうか。

そして、大陸文化の影響をうけ、早く統一国家を形成した者には古くからの文化をそのまま持続して来た人びとが次第に異種異民として映って来たのではなかろうか。その人たちをとくにエゾとよばねばならなかったのは、エビスという言葉が民衆社会にひろく生きていたためではないかと思う。

『天皇の国・賤民の国』『アジアの聖と賤』『竹の民俗誌』等で知られる沖浦和光氏は、父方の祖先が瀬戸内の海賊として天下にその名を知られた「村上水軍」傘下の海民で、母方の祖先も古代では熟田津《にぎたづ》と呼ばれた伊予の松山に近い海村の出。「水軍の血が脈々と流れていたせいだろうか、子どものころから、私は船乗りになりたいと思っていた。」「今でも海辺に近いところを旅していて、風に潮の香を嗅ぎ、遠くから潮騒が耳に入ってくると、なんとなく心が奮い立ってくる。血が騒ぐというやつだろう。」と書く。この沖浦氏とも、その晩年、私は熊野や湖東や北部九州など、毎年氏が主催するフィールドワークに参加させてもらった。

漂海民として知られた「家船《えぶね》」漁民が定住した漁村や、近世身分制社会で穢多身分とされていた海村の被差別部落も数多く訪れ、地元の古老や郷土史家からいろいろ教えられたという氏は、『瀬戸内の民俗誌』のあとがきで、自著のポイントを左のように要約している。

（一）定住農耕民と違って、海民は漂泊性・移動性がつよく、特に漁民は仏法で定められた〈不殺生戒〉を守っては生きていけなかった。その海民たちの歴史と民俗を〈差別—被差別〉の視点から照射すれば、いったい何が見えてくるのか。

（二）ヤマト王朝以降の律令制にもとづく国家的営為において、海民はどのように支配権力に把握されてきたのか。千余年にわたる農本主義的な国家の身分政策において、海民はどのように位置づけられてきたのか。

（三）古代では〈海賊〉と呼ばれ、戦国時代に入ると〈水軍〉と呼ばれるようになるが、およそ四段階を経て海賊から水軍に発展し変貌する。「沖家」「島衆」の別名で呼ばれた瀬戸内の海賊衆は、〈越智水軍〉→〈河野水軍〉→〈村上水軍〉という系譜をたどってきた。秀吉の「海賊停止令」によって壊滅に追い込まれたが、その終末はどうなったのか。

（四）瀬戸内海民の主力は、江南地方を原郷とする倭人系だった。その一部は朝鮮半島を経由して、あるいは東シナ海を船で九州へ渡って、それから瀬戸内に入ってきた。また黒潮に乗って北上してきた隼人系も九州南端から瀬戸内へ入ってきたのだが、それから諸系譜はどのように交錯・混交してきたのか。

（五）そのような諸系譜の投影として、彼らの〈海神〉信仰もいくつかの系列に分けられる。それを解く一つのカギは記紀神話に現れるオオワタツミノカミとオオヤマツミノカミを祖型とする〈海神〉伝承である。中世の越智・河野水軍にまつわる奇書『予章記』の分析を通じて、その一端を解明したが、そこから何が浮かび上がるか。

（六）アジアの各地から入ってきた「諸文化の複合体」として日本列島の文化が形成され、海民の民俗にもさまざまの潮流が流れ込んでいる。特に江南系と南方系海洋文化との結びつきは深く、海民の崇敬を集めた〈海神〉像にも、南方系海洋民のアニミズムが色濃く投影されている。彼らがトーテムとしたワニ・トカゲ・ヘビ信仰が昇華した「龍」信仰もその一つだが、日本の海民文化の諸源流は、どのようなルートでこの列島に入ってきたのか。

いずれも海民史の深層を考察するのに、見逃してはならない大切なポイントだ。ことに（三）に関連して、織田信長軍に対抗した村上水軍を側面から支援した雑賀衆《さいかしゆう》は、紀の川河口を本拠として漁業・廻船稼業や鉄砲の製造に従事、熱心な真宗門徒で、石山合戦の敗北後「かわた」として、特定の地域に囲い込まれ、あちこちの島々に点在する被差別部落の起源となったと著者が述べているのは、中上健次氏が〈岬〉三部作の舞台とした熊野新宮の被差別部落の起源とも符合していて、見逃せない。

いずれにしても、こうして柳田・折口以後の歴史家や民俗学者が、従来の研究が農業民中心だったのを反省して、非農業民、つまり海民や漁民、職能者、被差別者へと、考察の対象を広げてきているのはしごく当然で、本書もその大きな影響下にある。

# 第３章　民俗の神々

## 浮上するエビス神

アマテラスが天皇家の祖神として崇められ、律令体制のもとで国家神道としての伊勢神宮の基盤が固まると、その後は順調に発展したと思いがちだけれど、事実は律令国家体制の解体にともなって、早くも変質を余儀なくされた。

上宮と外宮の競合、神仏習合、御師《おし》による布教など、そのひとつひとつを述べていくと、それだけで一冊分の本になってしまうから、ここではすべて省略するが、今日見られる伊勢神宮の姿のみでは、判断をあやまってしまう。

中世以後近世を経て御一新の世に到るまで、歴代の天皇は一人として伊勢神宮を参拝することはなかったし、貴族の参拝も私的なものに過ぎなかった。まして江戸の庶民にとって、お伊勢参りは、『東海道中膝栗毛』の弥次郎兵衛と喜多八がそうであったように、福神に現世での御利益を願う、遊興と一体のものと化していた。

すなわち、表向きいかに国家が体裁をつくろい、信仰を強要しようとも、民間は民間で自分たちの身の丈に合った神に祈りを捧げたので、その典型がエビス神だった。

このことは、肥後和男氏が次のように指摘するのと合致していて、私も同感である。そして、ついでにつけ加えるなら、こうした傾向は、海人族出身の豪族がしきりに天皇家に接近し、陸地での勢力を広げていったこととも通い合う。

どうも日本の神々はやたらに立身出世を考えて、国家へ中央へと結びつくことばかり努力するむきが強かった。そのため大切な民衆生活と縁遠くなる。するとそこに民間信仰という、やや軽視された意味の信仰が生まれてくる。そうしたものにはりっぱな神々が目もくれないというぐあいであった。これは日本文化の大きな欠陥でもあったが、いまでもそのかたむきはなくならないようである。(『神話と民俗』)

つまり、私が本書で国家や中央寄りの歴史よりは、むしろ民俗学的な視点を大切にしているわけも、ここにある。

エビス神の図像は、たいてい釣り竿を片手に、釣り上げた鯛をかかえて烏帽子をかぶり、福相を満面に漂わせている。にこにこ顔をエビス顔というほどに、わが国の代表的な福神の座におさまっているのだ。そして今日では、商売繁盛、家内安全と広く庶民一般の信仰を集めているが、その姿から察せられるように、もとは海民・漁民にとっての守護神であった。

官社でないだけに、史料や文献に乏しく、その系譜をたどるのは困難だが、古くは記紀に語られるイザナギ・イザナミのあいだの生まれそこないの神として現れ、葦舟に乗せて流されたヒルコがその起源との伝承があるのは、きわめて興味深い。なぜなら、そこには漂着神、来訪神としての聖なる性格と、その反対の不具性のイメージが、一体となって明確に刻印されているからだ。

語の使用法はまるで異なるが、私は coincidentia oppositorum（対立の一致）という、西欧での伝統的神学用語をもちだしてみたいくらいだ。

前者について見ると、海上から光を発しながら寄ってきたとか、海中で光る石を拾い上げてみたらエビス神だったという話は、各地にある。ただ、折口信夫が『壱岐の水』のなかで、「りょう（漁）エビス」は、漁師の安全を守り、豊漁をもたらすものだが、その本体は水死人であると述べている例は、特別に注意を要する。海上に漂う水死人は、大漁をもたらす呪力を秘めているというのである。

これと反対に、八丈島では、流れ仏を引き上げることを嫌い、引き上げた人は必ず水で死ぬと言われ、近親者以外は手をつけない。このような習俗には、ケガレ・恐怖の感情と畏敬の感情とが背中合わせに併存している。

ちなみに、波平恵美子氏は「エビス神の属性及びエビス信仰の多様性」を考察して、特にそのケガレの持つ力に着目、「エビス神の持つ意味はいずれも〈境界性、両義性〉と深くかかわりのあること」を明らかにした（「水死体をエビス神として祀る信仰」）。

村に定住する人々にとって、海民の生業の舞台である海は、まさに異界である。自分の属する世界以外のものを異人視し、異人を野蛮奇怪な存在として排除・軽侮するその一方で、ことさらに歓待饗応する習俗も顕著である。客人歓待を意味する hospitality は、敵意を表す hostility と対語である。改めてエビスという言葉の語源を探ると、異人、蕃神という意味に突き当たる。

みちのくの大和朝廷にまつろわぬエミシ（蝦夷）の語源は、エビスとの説もある。このことは、エビス神のもうひとつの属性である不具性とも関連する。ヒルコが足萎えだったことに由来するのであろうが、エビスさまは足が悪い、骨なしだ、耳が聞えない、片目、左ききだなどとも言われるらしい。だから、外聞が悪くて、他の神々のように十月の出雲での神集いには参加できず、留守をしているとも。柳田國男が目一つ神の発生について、祭りにおいて神聖な役を勤める者は、あらかじめ片目を傷つけて常の人と弁別しておき、かつては祭りに臨んでその神主を殺す（祀る）風習があったと述べていたことを思い出す。これも、エビス神の〈境界性、両義性〉だ。

では、かかるエビス神が商売繁盛の神として市神に祀られ、福神として全国に流布したのは、なぜだったろうか。前述したエビス神の図像は、南北朝の頃に盛んになった西宮のエビス社が発行したのが始めで、同社の門前に広がる南浜では定例の魚市が開かれていた。漁民は魚を取り、その取った魚を金に代えるなり、自分に必要な品物と交換するなりしなければ生活が立てられない。そのことから、漁民は交換経済に参加し、エビスが商神的な性格を持つようになるのだが、自分たちの生業の象徴である鯛を抱いている姿は、捨てなかったのである。

エビスかきとかエビス廻しと呼ばれる一団が出てきたのも、陸上がりした漁民のなかからだ。彼らはエビス神の功徳を説き、訪問先の長久繁栄を祝うとして人形を舞わして、諸国を巡った。このエビスかきの一座は、身分的には被差別の民として一般民からは卑賤視を余儀なくされたが、当時勃興した浄瑠璃節の語り手と組んで、京の四条河原で人形操りの興行を開き、それが端緒となって人形浄瑠璃芝居が始まった。

付言すると、日本海沿岸ではコトシロヌシをエビス神としている例が多い。コトシロヌシは出雲にいた神で、天孫降臨に先立って、フツヌシの神、タケミカヅチの神が出雲をアマテラスに譲るようにと交渉に来たとき、オオクニヌシに譲ることを勧めた神で、のちに美保関に祀られた。このコトシロヌシは、フツヌシとタケミカヅチがやって来たとき、美保崎で釣りをしていたという。

なお、海にかかわる民間信仰で、エビス神とよく似た淡島《あわしま》神がいる。婦人病の治療、子授け、安産祈願の対象となる、紀州加太の淡嶋神社を総社とする祭神で、元禄期、淡島願人《がんにん》と称する一種の乞食願人が、淡島神の人形を入れた厨子を背負って、各地を巡っては神徳を説き、小さな赤い神の人形を婦人のお守りとして配った。

エビス神と同じく漂着神だが、ヒルコではなくて、医薬の神とされるスクナヒコナに付会する説と、もうひとつ、婦人病に罹ったため淡島に流された住吉神の后神が祭神であるとする説がある。私が友人と誘い合わせて加太の淡嶋神社に詣でたときは、ちょうど三月の節句の直後で、社殿の中を覗くと、信者が持ち寄った古ぼけたひな人形がぎっしり山積みにされていて、その無気味さに背筋がぞくっとしたことを憶えている。

## 金毘羅信仰と月待行事

金毘羅さまも、海にかかわる民間信仰として有名である。サンスクリット語のクンビーラから出たとされ、元はガンジス河に棲むワニを龍王として神格化したものと言われている。そこから、薬師如来の眷属である十二神将の一人としての表向きの信仰とは別に、水の神、海の神としての信仰が生まれた。

瀬戸内海に面した香川県金毘羅町に鎮座する金毘羅宮は、毎年四百万人とも言われる参拝客で賑わっている。輸送交通手段は海から陸、さらには空へと高速化し、造船や航海技術の飛躍的な進歩によって、海に対する恐怖は軽減し、海上守護の信仰は極端に薄れてしまったというのに。

もともと金毘羅宮のある象頭山は、修験の山だった。外来神である金毘羅神は、水や山に対する民俗信仰や修験、さらには諸仏と結びつくことで、幅広く善男善女に受け入れられたのである。近世、神前での祈禱は、五穀豊穣と病気平癒祈願にほぼ限られていたが、江戸中期からは流行神と見まがうほどに急速に、全国の山間僻地にまで及んだ。
その道筋を、印南敏秀氏は以下の三つに分けて論じている。すなわち、一つは都市を中心にした、物見遊山と個人祈願を軸とした広がりである。宝暦三年（一七五三）には大坂から金毘羅参詣のみを目的とした金毘羅船が出ている。江戸では、讃岐の諸大名が屋敷内に勧請した邸内社が一般に開放され、「東都金毘羅百社参り」へと発展してゆく。二つは、海港および河川運航を中心とした伝播で、これには出羽酒田から瀬戸内海を経由して江戸に到る西廻り航路の開拓で知られる河村瑞賢が頼りにした塩飽《しわく》衆が寄与している。三つは白装束に天狗面を背負った、金毘羅道者と呼ばれる職業的宗教者による伝播である（「住吉信仰から金毘羅信仰へ」）。
かかる金毘羅信仰の隆盛は、文化文政期には伊勢信仰と並ぶまでになり、「流し木」「流し樽」の習俗は、「金毘羅山名所図会」に次のように記されて、人気を呼んだ。

諸国の人々祈願をするにも又成就するにも、悦ひにとて或は材木或は神酒などを奉るとて、其所所の海へなかれおつる川に流す。譬へば山城にては木津川、宇治川などに流すかことし。すへて東西南北をわかす其余の国々もこれに推ししるへし。されは数百里の海上をたゝよひなかれて、ことごとく丸亀の海辺浦々につく事人の持はこふかことし。かしこにて其所人々これをとりあけて御山に奉る。是をなかし樽、流し材木といふ。

話は変わるが、中国での風習を直輸入して宮中が始めた月行事が、いつの間にか衰微してしまったのに反して、その後庶民のあいだに広まり、民間に定着したのが、月待ちの行事とお月見である。海人族とも縁の深い古代人の月信仰については、前に述べた。月待は近世に始まる月の出を待って礼拝する講行事。十七夜、十九夜、二十三夜が、特定の月齢の夜におこなわれる忌籠もりの一種で、参加する者は精進潔斎し、必ず風呂に入って身を浄め、新しい着物あるいは洗濯したての着物を着用する。講の人たちが集まって、念仏を唱え、飲食したりしながら、月の出を待って月を拝む。

月の満ち欠けは日時の推移を知る手段だから、それだけでも信仰の対象になっているが、農耕や漁撈などは、太陽や月・雨・風などの気象条件に強く影響されるので、それらを祀って恩恵を受けようとする信仰がおきる。

二十三夜待は月の出が遅いので、深夜まで講が続くことになる。ご神体は月で、月読尊を描いた図像の掛け軸を床の間に飾り、供え物を献じ、灯明を点じて拝む。

二十六夜待は、主に旧暦七月二十六日の夜におこなわれた月見行事。江戸では神田明神、湯島台、九段坂上、愛宕山、上野山、浅草待乳山などで、多くの飲食店や見世物が出て、すこぶる賑わった。品川・洲崎・高輪など、海辺の料亭や茶屋にはどっと月見客が押し寄せ、水上に舟を浮かべては、酒を飲み遊覧に興じた。こうなると、もう行楽と変わらない。

一方、お月見は陰暦仲秋八月十五夜の満月および九月十三夜の月に、ススキ、萩を飾り、芋・豆・団子・果物を供えて、月を拝み、愛ずる行事である。民俗例の月見行事では、芋や豆の収穫祭の性格が強い。これがやがて風流としての月見と混淆するなかで、年中行事として定着した。

この日を芋名月と呼ぶ例は、大阪・奈良を中心に広く見られる。この夜、子供たちが月に見立てた供物の団子を盗む風習は、近畿・関東を中心に全国的に分布する。十三夜を祀る例は、十五夜よりも少ないが、豆名月の名で呼ばれる。関東では、十五夜の月見をしたなら、必ず十三夜の月見もするものといい、片月見を忌んだ。

九州南部から南島にかけての十五夜行事は多彩で、奄美大島や沖縄では、五穀豊穣・子孫繁栄を祝

イザイホー

十五夜綱引き

って豊年祭を催し、綱引き・相撲・芝居・八月踊りなどが盛んにおこなわれる。供え物の中心はフチャギ餅で、各家庭で火の神や仏壇に供えて豊作と家族の健康と繁栄を祈願して、縁先で月見をしつつ直会《なおらい》をした。特に八重山地域では、月の出に併せて月を拝み、その状況によってその年の麦作の播種時期を占った。

この地域は、かつては甑隼人《こしきはやと》、多褹《たね》人、益救《やく》人、吐火羅《とから》人などと呼ばれた辺遠の民の居住地域であり、広い意味での隼人文化圏に属する。大晦日の晩に仮面仮装姿で訪れるトシドンは、東北のナマハゲ行事に似て注意を引くが、八月十五夜の綱引きも各地で盛大におこなわれた。

月が昇ると、子供たちは裸で褌一つになって全員で葛のかずら綱をかつぎ掛け声をそろえて集落を廻る。人々はそれを励まして見物し、そのあといろいろな組み合わせで綱が引かれ、最後は本綱を海に流す。本綱は竜神を象徴していて、長い綱が大きな竜のように光りながら沖へ流れてゆくのを、大人も子供も一緒になって、砂浜に立って見送る。

琉球王国時代、最高の聖域として位置づけられた、沖縄久高島で近年までおこなわれていたイザイホーは、十二年ごとの午年に、旧暦十一月十五日の満月の日から四日間、三十歳以上の既婚女性が神女になるための就任儀礼。巻き髪、白鉢巻、ウフジン（白大衣）姿で、三重の円陣を組み、神歌を唱えながら旋回した。

お隣の韓国でも、月夜の晩に白衣姿の女性たちが輪になって優雅に踊る、西海岸でのカンガンスルレが有名だ。

## ミロクの世

民間での信仰といえば、仏弟子の一人弥勒の名を冠した「ミロク世」について、かつて柳田國男は『海上の道』の中で左のように述べた。

ちはやふる神々をいさめなれば
みろく踊のめでたし
まことやら熱海の浦に
みろく御舟が着いたとよ
ともへには伊勢と春日の
中は鹿島のおん社云々

他にもまだ色々の歌はあるが、鹿島踊といふからには是が元歌であつたろう。この「熱海の浦」の句を、足柄下郡の方では「真鶴みなとに云々」と歌ひ替へて居り、安房では本のまゝに鹿島の浦にと歌ひ上げて居た。即ち鹿島志などに出て居る「世の中は万劫《まんご》末代」といふ初の句を、「まことやら」といふ想像の語に改めたのみで、大体に以前の構造を保存したものが、太平洋岸の是だけ弘い区域に、つい此頃まで残り伝はつて居たのである。

伊勢と春日とを招請した、一種東国風ともいふべき三社信仰は、推理によつてでもほゞ其成立の年代を明らかにし得られようが、それが果して私の謂ふ世直し神の、遠く海上よりこの国土を訪れたまふべしといふ伝承の、起原を成して居たかどうかは、さう簡単にはきめられない。それよりも前に考へて見なければならぬのは弥勒の船、この人間の遁れ難い苦悩と哀愁を、いつかは完全に抜き棄てんがために、下生《げしよう》したまふべしといふ仏様が、やはり船に乗り水を渡つて此岸に御着きなされるものと、最初から想像せられて居たかどうか。或は漫々たる大海によつて取囲まれたる島国である故に、こゝのみはさう解せずには居られなかつたか、但しは又別に元からの是にやゝ近い言ひ伝えが、常人の心の底に潜み残つて居て、迎へて彼の信仰を此様に育て上げたのではなかつたか。それを考へて行く為にも幸ひにまだ僅かな資料がある。かつて鹿島の宣教が、今よりもずつと盛んだつた時期があるにしても、人間の脚には大よその限りがある。鳥も通はぬとさへ言はれて居た南の南の島々に、今でも行はれて居るといふ年々の弥勒踊が、この東国の同名の行事と、幾つかの類似をもつて居て、しかも鹿島との因縁が捜し出せないのは大きな意味がある。是も固より斯くあれかしのわざをぎではあつたらうが、その懐かしい幻影の種はどこに在るか。殊にミロクといふ名の起りは何に由るか。八重山諸島の節祭りの歌と行事、一方には宮古島の世積み綾船の古伝等に引き比べて、私は今改めてニライといふ海上の浄土のことを考へて見ようとして居るのである。(「みろくの船」)

メシア思想は、なにもユダヤ教やキリスト教に専有のものではなかったのである。この柳田國男の示唆を継承発展させたのが、宮田登氏の『ミロク信仰の研究』で、結論部のみを引用すると、こうだ。

日本の民衆のいだく「世直し」観念を検討すると、まず稲作の生産過程に応じて、旧き世と新しい世の交替を意識し、新しき世に、米の豊熟なミロク世を求める型、それはとくに豊年祭のオルギー状態に顕在化するところから、豊年祭型と名付けられる。次に、流行病や飢饉など災難が多い世だと、それをもたらす悪神を追放し、新たに幸運の満ちたミロクの年（世）を迎えようとする型、とくに鹿島信仰と結びつく神送りのオルギー状態にそれが顕在化するところから、神送り型と名付けられる。

豊年祭型と神送り型に見られる潜在的な「世直し」はくり返し、民衆に待望され、その実現に必要な踊りが行われる。それによって理想的なミロク世が実現したのかどうかは判然としていない。民衆のすこぶる静態的な意識の表白といえる。

次にこの伝統的な「世直し」観を、自然界の破局という一種の終末観を伴う地震・津波などの変災時を通して見たらどのようになるかを問題とした。そこでは地震鯰による瞬時的な破壊の「世直し」があり、民衆は一時的にもせよ、救米の払下げ、御用金分配、米価の下落などの政治的措置で、楽に米を食べる生活を味える。これを素朴かつ実感的に「世直し」と把えたわけである。しかし元来、このような泥海化して生ずる地震の「世直し」は民衆の求めるところではない。伝統的なミロクは、地震を鎮める神として出現・期待される。ミロクによる改革はじょじょになされ、やがて米の豊かな幸福に満ちたミロク世になっていくという信仰が、たえず再生産されている。これが民衆の持つ「世直し」の一貫した原理といえる。

したがって、明らかに日本の「世直し」において、民衆意識からは強力なカリスマが期待されていない。ミロク世を実現するミロクは、非実在的な存在であり、強力なメシアではもちろんない。

ただ、こうした指摘は、伝承的世界より発現するミロク信仰を通しての「世直し」観でありメシア観なのである。伝承的ミロクが、歴史の dynamics の中で、いかなる影響を受け、いかなる変容を示すかは別問題となろう。社会の変革時に、民衆の社会不安が募り、鬱積した民衆心理が種々の方向に爆発する可能性がある。その場合やはり民衆意識の持つ型に対応して方向が位置づけられてくるであろう。民俗学的なアプローチからする「世直し」観・メシア観の分析もそうした問題に一つの提示をなすものと考えられる。

宮田氏が指摘する、「社会の変革時に、民衆の社会不安が募り、鬱積した民衆心理が集団的オルギーとなって爆発」した典型的な例が、幕末の「おかげまいり」と「ええじゃないか」である。「おかげまいり」とは、伊勢神宮への大量群参のことで、自然現象としてはありえないことだが、天からの御札の降下を重要な契機とする。「おかげ」とは神のおかげということであろう。

群参は物価が下落したことに対する感謝が主な理由で、人々には伊勢の神は福の神であるという意識があった。宝永二年（一七〇五）、明和八年（一七七一）、文政十三年（一八三〇）の三回が知られていて、宝永の場合、「四月九日より五月二十九日まで、京・大坂諸国参宮人凡三百六十二万人」とある。江戸時代の総人口は大体三〇〇〇万人前後だから、その一割以上が、閏四月を挟んだわずか三か月ほどのあいだに伊勢に向かったのだ。

この大群衆の行動がひとつの頂点に達したのが、慶応三年（一八六七）の夏から翌年の春まで続いた「ええじゃないか」と呼ばれる民衆の乱舞であった。

　銭ッちうもんは一文も持たず、丸裸で踊りもつて神々さんをお参りして廻りよるうちに、御降りでもあつて踊りよる家を見つけたら、……押かけて行て、門口から「え丶ぢやないか、え丶ぢやないかッ」て踊りもつて、泥足でも草鞋のま丶でもなんでも座敷へ飛び上つて、……踊りッちやす。

ほしたら、その家では狼狽《あわ》て丶酒肴をこつしやへて出して来る。(『阿波え丶ぢやないか』)

戦後からは七十余年、明治維新からは百五十余年、この間に鬱積した民衆の不満不安と怒りが、いつか暴発しないかと恐れる。

## 海よ蘇れ

徳川三百年の鎖国が崩壊したのは、浦賀沖に現れたペリーの黒船がきっかけだった。おかげで世の中は大混乱したが、維新政府は欽定憲法のもと、脱亜入欧を掛け声に、近代国家としての道を驀進した。日清・日露の戦いで大陸に勝利すると、何を錯覚したのか、海洋国家日本の建設を目指して、陸海軍の増強に励み、やがて無謀な太平洋戦争へと突入した。

敗戦後、わが国がたどった苦難の道は、私たち自身がよく承知している。奇跡的な復興、高度経済成長と、目の前の繁栄に酔わされているうち、世界有数を誇る長い海岸線は、見るも無残に埋め立てられてしまった。

平成二十三年三月十一日に発生した東日本大震災での大津波は、二万人近い人々を一瞬のうちに呑み込んだ。テレビの画像を通してですらも、私たちが日頃忘れ去っていた自然の猛威、海の脅威を、まざまざと見せつけてくれたのであった。

続く、フクシマ原発事故。毎年襲う自然災害。異常気象。度重なるピンチに加え、近年では中国やアメリカなど大陸国家による覇権主義の脅威が増してきている。北朝鮮の動向も無気味だ。ＩＴ化やグローバル化を避けられない今日の世界情勢のなかで、いったいわが国はどこへ漂流していこうというのか。

これを書き終えようとしているいま、日本は、世界は、新型コロナ・ウィルスのパンデミックで、外出もままならず、ふだんは気づかなかった社会の脆弱性に直面している。医療現場は崩壊寸前だし、自粛疲れも限界に近づいている。

広がるばかりの格差。政治や教育の劣化。しのびよる全体主義。学問や文化は、いったいどうなってしまうのか。ウィルスの感染拡大自体は、十分時間をかけて慎重に対処すれば、いずれは収束するにせよ、こうしたことをきっかけに、世の中が激変していくことは、過去の歴史が証明している。弱者・少数者はますます切り捨てられて、為政者の目先の都合で、社会全体がどんどん私たちの望まぬ方向へ向かってしまうような嫌な予感がする。

私は本書で古代海人族の興亡とそのゆくえについて考察しているあいだ、それを近代日本の歩みと重ねざるをえなかった。見る人によっては、それは弱者・少数者がたどる必然の運命で、衰亡は必至としか映らないかもしれない。

しかし、どうだろうか。もともと私たち一人ひとりが海人の血を享けた者で、正真正銘エビスであると承知していれば、いまさら悲観するには及ばないし、怖いものなどないのである。

金田一春彦氏が作成した方言区分図を見ると、外輪方言区域の九州、出雲、能登、東北は、記紀におけるヤマトタケルの征服地、クマソ、出雲、エミシと一致している。柳田國男の方言周圏論は、標準語との乖離が大きいこれらの地域の言葉が似ているのは、大和で発達した新しい言葉が広がるなか、列島に古くからあった古語が、これら辺境の地に残ったのだとするが、これは大和が世界の中心で、文化はそこを起点にして陸路で放射状に伝播したという前提での仮説にすぎない。南島や沖縄も含め、これらの地は、陸地図で見ると何のつながりもない飛び地だが、近代まで主要な交通手段であった海の道では、見事につながっている。

本書の執筆に疲れると、私はよく傍らにおいた各種の漂流記に手を伸ばした。『大黒屋光太夫』が漂流についての六作目になるという吉村昭氏は、「あらためてよくもこれまで飽きずに書いてきたものだ」と自分で呆れているが、『漂流記の魅力』という本で、次のように書いている。


帆船時代、イギリスで海洋文学の作品がうまれたが、同じ島国の日本でも、まさに海洋文学の名に価いする漂流記が数多くうみ出されていたのである。

それらは、漂流という死の危険にさらされた船乗りたちの苛烈な記録であり、かれらのある者は死亡したり発狂したりし、ある者は苦難に強靭な意志で耐えぬく。それは壮大な人間記録でもある。

さらに全く未知の漂着地での生活、異国での知識の吸収という特異な性格を持ち、その規模の壮大さ、内容の深さで、これらの漂流記は江戸時代の日本独自の海洋文学としていちじるしい光彩を放つ。

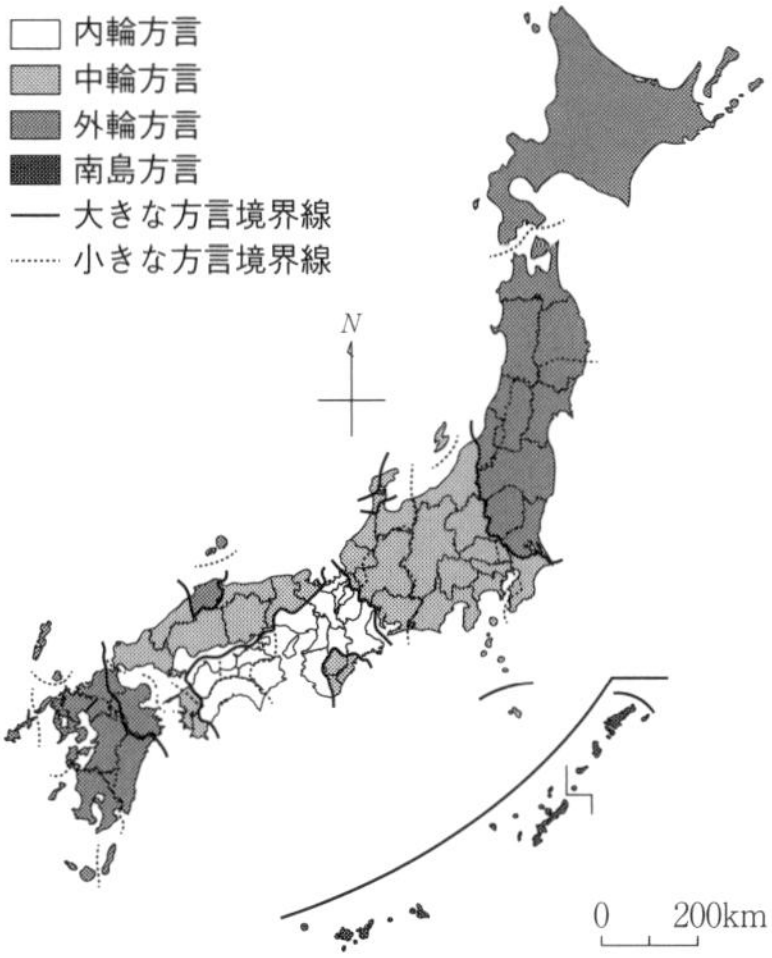

金田一春彦による日本語方言地図（1964）

その基礎は、ひとえに内海航路を旨とした和船の構造にあり、それが外洋にほうり出された時からはじまる一大ドラマであった。

地方であると都会であるとを問わず、定住に慣れきった私たちには、初めはただもの珍しく思われるだけだが、読んでいくうちどんどん引き込まれてしまうのは、どこか深いところで、定住ではなく、漂泊こそがこの世の定めであると、本能的に知っているからなのだろう。

日本はどうなってしまうのか。それは知らない。しかし、大地を、海を、空を失くしてはいけない。そうなったら、浦島もかぐや姫も、行くところが、帰るところが、なくなってしまう。

一日中パソコンに向かい、スマホを手にし、テレビのBS放送で世界中のニュースに接している私たちは、ふだん海があることを忘れている。海外旅行に出かけても、飛行機でひとっ飛びだから、海はほとんど無視したままだ。豪華客船で世界一周などという企画もあるが、大半は船内での食事や遊興に費やされ、海と向き合うことは少ないのではないか。

このところの異常気象で、高波や川の氾濫による被害に遭われた方にはまことにお気の毒だが、災害予報の地図から浮びあがる日本列島の各町村は、四方海に囲まれているだけでなく、海山のあいだいたるところに大小の河川が毛細血管のように張り巡らされているのに、改めて驚く。

地球は水で出来ている。私たちは、海を軽視してはいけない。恐れてもいけない。太平洋に面した南米ペルーの首都リマには、江戸時代、日本人が六十人も居住していたと聞いてびっくりしたことがあった。海外への渡航が禁止されていた鎖国当時にである。彼らが移住した理由はさまざまだろう。なかには、漂着者の子孫も混じっていたかもしれない。しかし、それだけではなかったはずだ。

瀬戸内海の海賊として鳴らした塩飽《しわく》衆は、一五八八年、豊臣秀吉の海賊禁止令で散り散りになってしまった。家船やシャアとして、細々と生き延びていた時代も長い。しかし、幕末、咸臨丸の太平洋横断で活躍したのが、海を恐れない、この塩飽諸島の船乗りたちだったことを思い出そう。「海の幸」「わだつみのいろこの宮」の絵で知られる青木繁、大リーグ進出に先鞭をつけた野茂英雄は、海人族の子孫だ。多かれ少なかれ、私たちは海への衝迫をかかえている。エビスである私たちは、みな海の子なのだ。

青木繁「わだつみのいろこの宮」

# あとがき

古代海人族の運命について、前から書きたいと思っていた。

柳田國男の存在が大きすぎるせいで、民俗学はどうしても常民、農民、定住者へと関心が向きがちで、私は以前からそのことに不満を持っていたことを、まえがきで述べた。

ところが、じつは柳田も折口信夫も、海人、海民を無視するどころか、じつは重視していたことに、あるとき、はたと気づいたのである。

うかつといえばうかつ、本文中でも触れたが、柳田・折口後の著名な学者は、宮本常一氏にしても谷川健一氏にしても、むしろ海人、海民の民俗が中心的テーマで、網野善彦氏や沖浦和光氏に至っては、ライフワークでさえあった。そのことに思い当たっただけでも、本書を書いた意味はあったというべきで、これら先人の業績には大いに学ばせてもらった。

本書でカバーしきれなかった部分もある。それらについては、永留久恵『海人たちの足跡　環対馬海峡の基調文化』(白水社)、大林太良『海の道　海の民』(小学館)、梅原猛『海人《あま》と天皇』(朝日新聞社)などが参考になる。

浦島、竹取のことをきっかけに、丹後半島への旅を導入としたので、締めでも触れなくてはとぼんやり思っているうち、前に興味本位で山下芳樹・白石拓著『浦島太郎は、なぜ年をとらなかったか』(祥伝社新書)という本を読んだことがあったのを思い出した。

「アインシュタインと遊ぶ」という副題にあるとおり、相対性理論の平易な解説書で、ローレンツ変換を利用した特殊相対性理論では、静止系に対して運動している物体の時間はゆっくり進む。たとえば、高速の宇宙船で旅行をする宇宙飛行士は、地上の人間に比べてゆっくり年をとるが、これを浦島太郎になぞらえて「ウラシマ効果」と呼ぶのだそうである。地上の人間とは、もちろん、私たちのことだ。

二〇〇七年九月、世界に先駆けてＪＡＸＡ（宇宙航空研究開発機構）が打ち上げた月探査ロケットの名前は、「かぐや」。一般の公募によって選ばれたとのことで、二機の衛星が、「おきな」「おうな」と命名されたのは、もちろん「竹取物語」によっている。こうしたこと一つ取り上げても、けっこう現代に通じるではないか。

古代における歴史、民俗、伝承を主に扱ったが、今回は文学作品などにも触れていて、本人は結構楽しんで書いた。歴史学者、文献史学者からすると、史実と伝承を混同しているとの非難は必至かもしれないけれど、私は史実も、伝承も、歴史の表面に現れたことだけがすべてであるとは思わない。それらを尊重しつつも、その背後に隠されてあるものごと、空白なままの領域に思いを馳せた。在野の人間ゆえのわがままとお許し願う。

『白の民俗学へ』以来、『日本原住民と被差別部落』（編著）『白山信仰の謎と被差別部落』『北の白山信仰』と、私の関心のおもむくままを、担当編集者として常に伴走してくれた河出書房新社の西口徹氏に厚く御礼申し上げる。

二〇二〇年九月

前田速夫

## 引用・参照した主な文献

### 第一部　天界と異界


『日本書紀』上下（日本古典文学大系六七、六八）一九六七、六五　岩波書店
『風土記』（日本古典文学大系二）一九五八　岩波書店
「続浦島子伝記」（重松明久『浦島子伝』所収）一九八一　現代思潮社
『万葉集』（日本古典文学大系四―七）一九五七―六二　岩波書店
太宰治「お伽草子」（『お伽草子』所収）新潮文庫
『続日本紀』（新日本古典文学大系）岩波書店
『懐風藻』（日本古典文学大系六九）一九六四　岩波書店
太田亮『姓氏家系大辞典』一九六三　角川書店
水野祐『古代社会と浦島伝説』上下　一九七五　雄山閣出版
高木敏雄『日本神話伝説の研究』1・2　一九七三・七四　平凡社東洋文庫
中村宗彦「浦島古伝覚書」（『大谷女子大国文』3）一九七三・三
浅見徹『玉手箱と打出の木槌』一九八三　中公新書
安永寿延「常世の国」（『文学』三六―一二）一九六八　岩波書店
喜田貞吉「間人考」（喜田貞吉著作集一〇）平凡社　一九八二
松村武雄『日本神話の研究』一～四　一九五五～五八　培風館
小田静夫「石斧のひろがり　黒潮文化圏」（『日本人はるかな旅二　巨大噴火に消えた黒潮の民』）二〇〇一　日本放送出版協会
崎山理『日本語「形成」論』二〇一七　三省堂
勝俣隆『異郷訪問譚・来訪譚の研究』二〇〇九　和泉書院
沖浦和光『竹の民俗誌』一九九一　岩波新書
折口信夫「髯籠の話」（折口信夫全集二）中央公論社
『東関紀行・海道記』一九三五　岩波文庫
『古語拾遺』一九八五　岩波文庫

中山太郎編『日本民俗学辞典』一九二三　梧桐書院
『古事記　祝詞』（日本古典文学大系一）一九五八　岩波書店
『魏志倭人伝』一九八五　岩波文庫
黛弘道「古代史と地名」（谷川健一編『日本の地名　歴史・風土の遺産』所収）一九八二　講談社
谷川健一『白鳥伝説』一九八六　集英社
佐伯有清『新撰姓氏録の研究』（本文篇）一九六二　吉川弘文館
関敬吾『日本昔話集成』第一部（動物昔話）一九五〇　角川書店
『竹取物語』（新潮日本古典集成）一九七九　新潮社

第二部　海人族と古代王権

エリアーデ／訳・久米博『太陽と天空神』（『エリアーデ著作集』一）一九七七　せりか書房
三浦茂久『古代の月信仰と再生思想』二〇〇八　作品社
筑紫申真『アマテラスの誕生』二〇〇二　講談社学術文庫
倉橋曄子「オキナガタラシヒメ論序説」（『古代の女』所収）一九八六　平凡社選書
『水鏡』一九三〇　岩波文庫
「倭姫命世記」（『日本思想大系一九　中世神道論』所収）一九七七　岩波書店
本田義寛「かぐや姫の家」（『叙説』一四―二四）一九七九・一〇
塚原鉄男『新修竹取物語別記』二〇〇九　新典社
小泉芳孝「山背国綴喜郡山本駅と古代駅制について」（『京田辺の史跡探訪』所収）二〇一二　竹取翁博物館
折口信夫「水の女」（折口信夫全集二）中央公論社
藤原茂樹「海人流転の事その他」（『山手国文論攷』4）一九八二・三
金久与市『古代海部氏の系図』一九九九年　学生社
岸俊男「ワニ氏に関する基礎的考察」（『日本古代政治史研究』所収）一九六六　塙書房
角川源義「まぼろしの豪族和邇氏」（『角川源義全集』二）一九八七　角川書店
黒沢幸三「ワニ氏の伝承」（『日本古代の伝承文学の研究』所収）一九七六　塙書房
及川智早「「この蟹や」歌謡試論」（『古事記年報』三二）一九九〇・一
土橋寛『古代歌謡全注釈　古事記編』一九七二　角川書店
田辺幸雄「この蟹やいづくの蟹」（『古事記大成　二』所収）一九五七　平凡社

『先代旧事本紀』（国史大系七）一九六六　吉川弘文館
新井喜久夫「古代の尾張氏について」（『信濃』二一―一・二）一九六九
佐伯有清編『日本古代氏族事典』一九九四　雄山閣出版
『宋書倭国伝』一九八五　岩波文庫
神田秀夫『古事記の構造』一九五九　明治書院
近松門左衛門「浦島年代記」（近松全集一二）一九九〇　岩波書店
倉橋曄子「置目説話をよむ」（『古代の女』所収）一九八六　平凡社選書
尾畑喜一郎「置目老媼考」（『國學院雑誌』五七―四）一九五六・七
及川智早「都夫良意富美と目弱王攷」（『古代研究』一九）一九八七・二
西田長男『日本古典の史的研究』一九五六　理想社
土橋寛「宮廷寿歌とその社会的背景」（『文学』二四―六）一九五六・六
柴田晴廣『穂国幻史考』二〇〇七　常左府文庫
同　『牛窪考』二〇二〇　同
梅原猛『海人と天皇』一九九一　朝日新聞社
次田真幸「天語歌の成立と阿曇連」（『国語と国文学』五一―一二）一九七四・一二
林屋辰三郎「天語歌から世継物語へ」（『立命館文学』一七〇、一七一）一九五九・八
山上伊豆母「「ことのかたりごと」の系譜」（『文学』三〇―八）一九六二・八
田中卓「八十嶋祭の研究」（『田中卓著作集一一―一』）一九九四　国書刊行会
岡田精司「即位儀礼としての八十島祭」（『古代王権の祭祀と神話』所収）一九七〇　塙書房

第三部　エビスたちの日本列島
吉村武彦「山海の政」（『日本古代の社会と国家』所収）一九九六　岩波書店
水野祐『古代の出雲』一九七二　吉川弘文館
井上鋭夫『山の民　川の民』一九八一　平凡社選書
亀山勝『安曇族と住吉の神』二〇一二　龍鳳書房
宗長親王『李花集』一九四一　岩波文庫
滝沢馬琴『椿説弓張月』上下（日本古典文学大系六〇・六一）一九五八・六三　岩波書店
井原西鶴『好色一代男』（新潮日本古典集成）一九八二　新潮社

紀貫之『土左日記』一九七九　岩波文庫
『平家物語』上下（日本古典文学大系三二・三三）一九五九・六〇　岩波書店
沖浦和光『瀬戸内の民俗誌』一九九八　岩波新書
大江匡房「傀儡子記」（『日本思想体系八　古代政治思想』所収）一九七九　岩波書店
鈴鹿千代乃「安曇の磯良の原像」（『國學院雑誌』八一―二）一九八〇
『謡曲集』上下（日本古典文学大系四〇、四一）一九六〇、六三　岩波書店
村井章介「倭寇とはだれか」（『東北学』二九）二〇一〇・一
羽原又吉『漂海民』一九六三　岩波新書
高群逸枝『娘巡礼記』一九七九　朝日選書
網野善彦『日本社会再考　海から見た列島文化』二〇〇四　小学館
同　『古文書返却の旅』一九九九　中公新書
宮本常一「日本列島に住む人々」（『日本文化の形成』所収）二〇〇五　講談社学術文庫
肥後和男『神話と民俗』一九六八　岩崎美術社
波平恵美子「水死体をエビス神として祀る信仰」（『民俗學研究』四二―四）一九七八・三
印南敏秀「住吉信仰から金毘羅信仰へ」（『海と列島文化　九　瀬戸内の海人文化』所収）一九九一　小学館
柳田國男「みろくの船」（『柳田國男集一『海上の道』』所収）一九六八　筑摩書房
宮田登『ミロク信仰の研究　新訂版』一九九五　未來社
金田一春彦「方言区分図」（『金田一春彦著作集七　日本の方言』）二〇〇五　玉川大学出版部
吉村昭『漂流記の魅力』二〇〇三　新潮新書

＊本書は書き下ろし作品です。

## 前田速夫
（まえだ・はやお）

1944年、疎開先の福井県勝山生まれ。東京大学文学部英米文学科卒業。68年、新潮社入社、文芸誌『新潮』に配属。78年、新潮文庫編集部へ。87年より白山信仰などの研究を目的に「白山の会」を結成。94年、『新潮』編集部に復帰、翌年より2003年まで編集長を務める。主な著書に、『異界歴程』『余多歩き　菊池山哉の人と学問』（読売文学賞）、『白の民俗学へ』『古典遊歴』『白山信仰の謎と被差別部落』『辺土歴程』『海を渡った白山信仰』『北の白山信仰』『「新しき村」の百年　〈愚者の園〉の真実』などがある。


# 海人族の古代史


二〇二〇年一一月二〇日　初版印刷
二〇二〇年一一月三〇日　初版発行

著　者――前田速夫
発行者――小野寺優
発行所――株式会社河出書房新社
〒一五一―〇〇五一
東京都渋谷区千駄ヶ谷二―三二―二
電　話――〇三―三四〇四―一二〇一〔営業〕
〇三―三四〇四―八六一一〔編集〕
http://www.kawade.co.jp/
組　版――株式会社ステラ
印　刷――モリモト印刷株式会社
製　本――大口製本印刷株式会社



ISBN978-4-309-22816-7
Printed in Japan

前田速夫・著

# 北の白山信仰

もう一つの「海上の道」

白山信仰のカギ、
その古層には縄文がある!
東北地方の信仰がどのように
白山信仰と入れ替わるのか。
その古層は、アイヌや北方狩猟民族、
ユーラシアのシャーマニズム・
原白山信仰とどうつながっていくのか。
白山信仰の謎の深奥に迫る民俗学の探究。

河出書房新社